1年で100万円貯められる

# ゆる貯め家計

監修 家計再生コンサルタント
横山光昭
イラスト ねこまき（にゃんとまた旅）

いってきまーす
祐介 (36)
バイク好きの
サラリーマン
はーい
ほら早く
着て〜
ん
かなこ (33)
ズボラな
専業主婦
りく (2)
お菓子好きな
男の子
おまたせ〜
今日はママ友とお買い物
セレブランチにしようかな
セレブランチ
デザートドリンク付 ¥1400−
おいしそ〜
私も〜
私もそれがいいけど…ちょっと高いな
えーーと…
私は日替わりランチで…
あ
かわいい！
セールで安くなってるよ
似合いそ〜
SALE
オトクだし…さっき我慢したし
よねー
買っちゃお！

Cafe
coffee …
tea ….
cake
来年
幼稚園だっけ？
もう決めたの？
んーー
近くでいいかなって
私はパートに出ようと思って保育園にしたわ
やっぱ働かないと
私は北欧式の幼稚園に行かせたいなって
子どもの教育って大事だし
費用が結構かかるから貯金してるんだ
だよね～
学資保険ってさ～
へ、へぇー…
うち…何もしてないけど
ぶーー
ま

子どもが
小さいうちに
しっかり貯めて
おかないとね
マイホームの頭金も
あるし
ぐっ
私は親の介護で
家の
リフォームも
考えないと…
フー
……
じゃあ
またね～
きゅっ…
やばい！
やばすぎる私！
ダッ
このままじゃ
ダメなんだ!!
ただいま～
あれ？
どうしたの？
節約レシピを研究してるの
えーと、あれを使い回して…
100円
おかず

あ！
水の出しっぱなしはダメよ！
もー
きゅっ
いらない電気もすぐ抜いて…
あれもこれも
なんでぬくのー!?!
はいごはん！
トン
ちまっ
え？
具の少ないみそ汁
玉子焼き1きれ
あまり物のキャベツとにんじん炒め
これだけ？
これからは節約モードよ
キリッ
私、これから家計簿つけるから
え〜〜
なんとかしなくちゃ…
せっせ
カキカキ
……
ゆる家計簿

もくじ

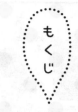

# 第1章 お金のきほんを知ろう

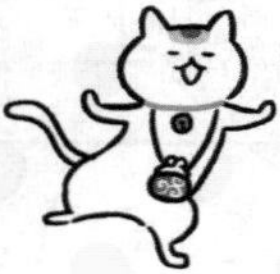

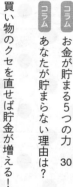

# 第2章
## ゆる家計にチャレンジ

# 第3章

## ゆる貯金をはじめよう

# 第4章 人生のお金を貯めよう

## キャラ紹介

### かなこ (33)

マイペースな専業主婦。おおらかだが飽きっぽく、めんどくさがり屋。家計簿の挫折は数知れず…。

### 祐介 (36)

かなこの夫。のんびりした性格のサラリーマンで、お金の管理は苦手。バイクをいじるのが好き。

### りく (2)

かなこの息子。祐介に似てのんびり屋で、本とお菓子が好き。福にゃんとよくじゃれあっている。

### 美幸 (28)

かなこの妹の独身OL。かなこの近所で、オシャレな1人暮らしを満喫中。無類の猫好き。

### 福にゃん

お金を大事にする家に、福を運ぶ神様。お金の使い方や上手な貯め方を教えてくれる。気ままな性格で、たまに野生の本能がうずく。

# 第1章
# お金のきほんを知ろう

2週間後
あー…
全然できない…
うっ うっ…
家計簿 挫折も何度目か…
私は貯められない性格なんだ〜
このままじゃ〜
わあっ
そのうちなんとかなるだろ〜
お、このバイク かっこいい—
ごろ ごろ
ムカッ
なによ!!
私がこんなに頑張ってるのに!
キー
むっ
オレだって毎日働いて…
わ〜ん
ぎゃー ぎゃー
やる家計簿
パタン

わっ
ぼむっ
私は福にゃん
ええーーっ
ね、猫がしゃべった!?
3D??
立ったりもできますニャ
私はお金を大事にする家に福を運ぶのニャ
わぁ～ねこしゃん!!
え!?

じゃあ
うちに
お金が！
ペしっ
わー
いや、あんたは
お金を大事にしてニャい
え〜〜〜
だって節約してるし…
肉球が……
節約節約で
我慢して
結局ドカ買い
してたニャ
ぎくっ
バレてた…
お菓子の山
クッキー
コンビニ
またか
それだけじゃ
ニャい
我慢ばかりで
キリキリして
家族は不満
あ…
ご飯
少ないし…
イライラ
してるし…
それで
幸せかニャ？
う…

でも一気に収入が上がるわけじゃないし節約ぐらいしか貯める方法が…
よしよし
いやいや豊かに暮らして貯める方法がある
それは満足のためにお金を使うニャ
満足？
それは後々教えるニャ…ところで
いくら貯めたいのニャ？
？
とにかくたくさん!!!
じゃあ何のために貯めたいのニャ？
それは…
えっと…
このままでいいのかなって将来のことが不安だから…
貯まらない典型パターンニャ
やれやれ
え？
なんで？

貯まらない人の特徴は目標が漠然としてること
周りの情報や人を見てなんとなく不安になり
どうなる年金
どうなるの?!
とにかく貯めようと節約に必死になり
貯めるわよ〜!!
ムッムリ…
すぐ挫折する
まさに私…
これが貯められないスパイラルニャ
くるくる〜
おそろし〜
GOAL
お金を貯めるには目標を持つこと!
?
お金を貯めてどうしたいニャ?
……
…私は、家族を幸せにしたい
ぐっ
家族で安心して暮らせるようになりたい!
OKニャ!!
一緒に頑張るニャ!!
わ〜っ
それならゆる貯め家計がおすすめニャ
ゆる貯め?
?

お金が貯まる☆5つの力
5つの力を使った貯め方ニャ
大人気!!
まぐろ
かつお
私はかつおが好きニャ
ぶれない力
何にいくら使ってるかニャ？
せいとんする力
どの順で貯めるかニャ～
旅行
マイホーム
教育
組み立てる力
プラン変更でムダをカットニャ
支出
工夫する力
今日もできたニャ
1月
つづける力
※詳しくはP30～
これを身につければ一生お金には困らニャい
ぜひ伝授を！
本能がうずくニャー!!!
待って～
やっぱ猫だな
キャー
バタ
バタ

# お金が貯まらない人には共通点がある

## 頑張っているのにお金が貯まらないのはなぜ？

特に浪費はしていない。ごちそうばかり食べているわけでもないし、ブランド品を買っているわけでもない。むしろ、チラシを見て特売品を買ったり、ポイントが貯まるから食費も日用品費もカードで払うなど、日々、節約や工夫をしているのに…いつも給料日前はピンチ！

このように「頑張っているのにお金が貯まらない」と悩んでいる人は、たくさんいます。そして、色々なやりくり術を試してみるのですが、いまいちうまくいかずに挫折しがちです。

しかし、それにはちゃんとした理由があるのです。

## 自分のお金の使い方を見てみよう

お金が貯まらない理由の1つは、あなたのお金の使い方にあるかもしれません。例えば「セール」の文字につられて、予定外の買い物をしてしまう。日用品のストックがわからず、ダブり買いをしてしまうなど、ちょっとした行動の積み重ねがムダづかいを増やし、「いつの間にかお金がない」状況を生み出しているのかもしれません。また、これまでの挫折経験から「私は貯められないんだ」と思い込んでいると、ますますお金を貯められなくなってしまうことも。

次のページで、自分のお金の使い方を振り返ってみましょう。

## あなたは貯まらない人？

お金が貯まらない人には、共通するお金の使い方や生活習慣があります。自分に当てはまるものがないか、チェックしてみましょう。

**お金が貯まらない人の特徴**

- 財布にいくら入っているかがすぐに言えない
- 人からの誘いを断れず、つい行ってしまう
- みんなが持っているものが欲しくなる
- 安いものが大好き
- ストレスがたまると、つい買い物をしてしまう
- 家計簿をつけたことがない
- 貯金や保険の満期がいつかわからない
- 片づけが苦手だ
- 「お金を使うのが下手」「私は貯められない」と思っている

その結果…

ムダ買いが
多い

いつの間にか
お金が
なくなってる

節約しすぎて
ストレスが
たまる

お金のことが
いつも不安

お金がうまく使えないと、不安やストレスを感じやすくなります。お金への苦手意識も高まり、貯金に挫折してしまうことも。

## お金が貯まらないのは心の問題!?

### イライラや不安が原因でお金を使ってしまう

お金が貯まらない原因は、あなたの心にもあるかもしれません。お金と心は一見関係なさそうですが、実は密接に関わっているのです。「ストレスがたまると、つい衝動買いをしてしまう」「〝みんなと同じものを持ってないと…〟という不安から、特に欲しくないものまで買ってしまう」などの心のモヤモヤが、ムダづかいを生み出しているかもしれません。

### 貯め上手は楽しんでお金を使う

一方、お金を上手に貯めている人は、買い物ややりくりにストレスを感じていません。お金を使うことを楽しみ、自分が欲しいものを買って満足しています。その結果、ムダづかいも減ってお金が貯まるようになっているのです。

そうなるためには、どうすればいいのでしょうか？　おすすめの方法は「高い・安い」ではなく「好き・嫌い」を基準にして買い物をすることです。好きなものを買うと満足度が上がり、大切に使うことでものも長持ちします。すると、ものをたくさん買わなくても、充実した暮らしを送れるようになるのです。

このように、お金と心の状態は深く関連しています。貯める前に、ごちゃごちゃになった心を整理し、貯め力アップにつなげましょう。

## ネガティブな心が「貯め力」を下げる

お金を貯めようと頑張るのはいいことですが、やりすぎると「貯め力」が低下してしまいます。自分に無理をさせていないか、注意しましょう。

### ストレスがたまると衝動買いをしがち

買いたいものを我慢していると、集中力や判断力が低下します。その結果、衝動買いや過食などをしやすくなり、ムダづかいに。

1日の疲れがたまっている夜は、判断力がにぶります。その時間にネットなどを見ると、衝動買いにつながりやすくなるので注意を。

## 安物で我慢すると銭失いするハメに

欲しいものがあるのに「安いから」と他のもので代用すると、満足感が得られません。雑に使って買い直すことになると、結局ムダになってしまいます。

100円の猫じゃらしは
すぐ壊れるニャ

あれも これも
買わなきゃ…
みんな
持ってる
わよ
プール
くらい
通わせ
なきゃ
ネイルするのが
普通よ

## 「なんとなく不安」が消費を加速させる

「流行りものは買わなきゃ」「これくらい持っているのが普通」といった不安や思い込みが、「あれもこれも欲しい」状態を生みます。

# お金は誰でも貯められる！
# 5つのステップで改善

## 無理や我慢をしなくてもお金は貯められる

これまで見てきたように、「お金が貯まらない理由」には様々なものがあります。しかし、お金は誰にでも貯められるもの。貯金に、特別な能力やセンスなどは必要ないのです。

貯め上手・貯め下手な人の違いは、「自分の暮らしにマッチしたお金の使い方・お金が貯まる仕組み」を持っているかどうかなのです。

とはいえ、これまで数々の節約や貯金法に挫折してきた人にとって、貯まるルールや仕組みを考えるのは難しいもの。そこで本書では、楽しみながらやりくり上手になれるプログラムを用意しました。1日→1ヵ月→1年というふうに段階を踏んでやりくり力をつけていくものになっています。本書を読み進めながら、ぜひ挑戦してみてください。

## お金が貯まる5つの力を手に入れよう

このプログラムに欠かせないのが「5つの力」（↓30ページ～）です。5つの力とは、次のものです。

- ぶれない力
- せいとんする力
- 組み立てる力
- 工夫する力
- つづける力

これらを身につければ、一生お金に困ることはありません。

## 貯め下手改善プログラム

今まで貯金ができなかった人も、5つのステップを順に行えば、無理なくお金が貯められるようになります。

### Step 1 お金の使い方を見直す

- お金を正しく使う
(→ P44～)
- 買い物上手の呪文を使う
(→ P46～)

### Step 2 ゆる家計簿にチャレンジ

- レシートを集め、店名と金額を書く（→ P60～）

## Step 3　家計簿の振り返り

- 買い物グセをチェックする（→ P68～）
- 支出を３つに分ける（→ P70～）
- 固定費＆変動費の見直し（→ P84～）
- 1ヵ月の予算を立てる（→ P96～）

## Step 4　貯金にチャレンジ

- 先取り貯金を始める（→ P122～）
- 貯められる口座づくり（→ P126～）

給料
貯金

## Step 5　プランを立てる

- 1年間の出費予定を立てる（→ P146～）
- ライフプランを立てる（→ P174～）

この５ステップで
貯め力アップニャ！

# お金が貯まる５つの力

５つの力を使えば、豊かな生活をしながら貯められます。本書のプログラムを通じてこれらを身につけ、一生モノの財産にしましょう。

周囲に流されない、自分らしい暮らしで満足度もアップ！

自分軸をしっかり持つ

## ぶれない力

「暮らしや人生で何を大切にしていきたいか」がわかっていれば、何にお金を使うといいかがハッキリし、ムダな出費がなくなります。

お金の流れを把握する

## せいとんする力

自分の収入・支出がいくらかを把握し、お金の流れが見えると、ムダな部分をカットすることができます。

「使いすぎかも」というなんとなくの感覚で節約すると、ストレスがたまって失敗しがち。簡単でもいいので家計簿をつけ、お金を数字で把握するのが大切です。

どの順で貯める？
早く計画すれば
時間をかけて貯められます
マイホーム
教育
旅行
新車
老後

お金の使い方・貯め方を決める

## 組み立てる力

「いつまでにいくら必要か」といったお金の優先順位が見えると、日々のお金の使い方も変わり、上手に貯められるようになります。

情報やアイデアで得する

## 工夫する力

「足りないものは、あるものでカバーする」「新しい料金プランに変更」など、適応力や情報収集力を磨けば、ムダな出費が減らせます。

オトクな
新プラン
家族
割引
新しい料金プランなど
こまめにチェック！

これならできる♪

ストレスなくお金と付き合う

## つづける力

お金は一生付き合っていくもの。無理なくできるやりくりや貯金法を見つけ、続けられる仕組みをつくれば、挫折することもなくなります。

効果のある貯金法も、続けられなければ意味はありません。「これならできそう」というレベルから始め、少しずつステップアップしていきましょう。

# あなたが貯まらない理由は？

以下の質問に直感で答え、あなたの貯め力をチェックしましょう。

**A**

- □ 人からお茶に誘われると、断れない方だ
- □ 贅沢はしなくてもいいが、周りと同じ生活レベルは保ちたい
- □ みんなが持っているものや流行っているものは、つい欲しくなる
- □ ポイントカードをすすめられると、ついつくってしまう

**B**

- □ 水道光熱費や通信費が、毎月いくらかかっているかわからない
- □ 計算が苦手で、お金について考えるのも苦手
- □ 家計簿をつけたことがない
- □ 同じような服や靴がたくさんある

**C**

- □ 急な出費のせいで、貯めていた貯蓄を崩したことがある
- □ 特売やクーポンを使った「オトクな買い物」が好き
- □ 自動車税や固定資産税の支払いに毎年あたふたする
- □ ライフプランを立てたことがない

D

- □ 雑誌の節約術をやってみようとは思うが、試したことはない
- □ 何が収納されているかわからないエリアが、家の中にある
- □ おかずは、自炊より買った惣菜の方が多い
- □ 旅行はセットプランやツアーを利用することが多い

E

- □ 貯金のために、欲しいものを我慢するのは当然だ
- □ 家計簿はきっちりつけないと気が済まない
- □ 家族のムダづかいが気になってしかたない
- □ 物事が計画通りにいかないとイライラする

A～Eの各項目で当てはまった数を、下の欄に記入してください。該当数が最多だったものがあなたのタイプ。次のページでその特徴を確認しましょう。該当数が同じものがいくつかある場合は、それぞれを参照してください。

| A | B | C | D | E |
|---|---|---|---|---|
| 個 | 個 | 個 | 個 | 個 |

## 診断結果

お金が貯まる５つの力のうち、自分にはどの力が足りないかを知り、対策を考えましょう。

### Aタイプ　〝ぶれない力〟が足りなくて、気づくとお金がない！

自分軸がなく、周囲に流されてついお金を使ってしまいがち。

‥‥▶ 買う前に立ち止まり、自分に本当に必要かどうかを考えるクセをつけましょう。

### Bタイプ　〝せいとんする力〟がなく、お金の管理ができない

お金を管理したり、家計簿をつけるのが苦手です。

‥‥▶ ゆる家計簿（→ P60 ～）や週分け管理（→ P100 ～）などを取り入れ、やりくりをシンプル化して管理しやすくしましょう。

## Cタイプ　〝組み立てる力〟が弱く、臨時出費で貯蓄が崩れる

先のことを考えるのが苦手で、衝動的な買い物や急な出費でせっかくの貯金が崩れがちに。

…▶ 出費の優先順位を決めると、安定して貯められます。

## Dタイプ　〝工夫する力〟がなく、節約のチャンスを逃している

得する情報が入っても、「手続きが面倒だから今まで通りでいいや」で活用せず、損をしてしまうタイプ。

…▶ 契約当初のままの通信費などがあれば、まずはその見直しを。

## Eタイプ　〝つづける力〟不足で、プレッシャーに負けて挫折

「節約しなければ」と自分にプレッシャーをかけすぎたり、やりくりを完璧にやろうとして失敗しがち。

…▶ ハードルを下げ、続けることを大事にしましょう。

じゃあお財布チェックニャ
はーはー
今いくら持ってるかニャ？
？
えーっと…
多分3000円…
あれ？ ない？
1000円だけ？
昨日引き出したんだろ？
何買ったの？
う、う〜んと…
ぐ…思い出せない…
ザ・貯められない人ニャ
貯められない
ガーン
ぐえ
ニヤリ
自分がいくら持ってて何に使っているのか
即答できないとお金は消えていくばかりニャ
行かないで〜
ウフフ
アハハ
ひらひら〜
そういう人はお金を使う基本からニャ
ぴっ

私のへそくりニャ
今日1日、この1000円を有意義に使ってみるニャ
え？
何でもいいの？
フツーのお札だよな…
ニャんでもいい
遊んでも食べても
自由ニャ
ただし
有意義に
がポイントニャ
ゆういぎ…？
何に使ったかと
その理由を
夜に聞くニャ
カラカラ
ぴょん
おさんぽしてくるニャ♪
スタッ
……
ポカーン
とりあえず
やってみるか
いってきまーす

何に使おうかな…
BAG
あ！このバッグかわいい～
おっ…と
…でも、これ買ったらお金なくなっちゃう
もう少し考えよう
ケーキ？
マッサージ？
アクセサリー？
何がいいかな…
うーん
わー
あ…
夜
ただいまニャ
何に使ったかニャ？
あっ福にゃん

私はこの子に絵本
幼稚園に入る前に色々教えてあげたくて
あいさつ
買ってみてどんな気持ちになったニャ？
なんか嬉しかったな
一緒に選ぶのも楽しかったし
あいさつ
僕はお菓子
名物 まんじゅう
え？
甘党じゃないのに…
出かけた先で見つけて…
名物
かなことりくに食べさせたいなって
じ〜ん
おみやげなんてはじめて……
へへっ
これがお金を使うニャー！
おお――っ
いくら持ってるかを把握し
何に使うとベストかを考える
これが豊かなお金の使い方!!

自分がいくら持ってるか
わからなくて不安になったり…
えっと〜〜
?
なんとなくお金を使って
本当に欲しいものを買う時
にはお金がなかったり…
ない！？
いつのまに…
そんな状態では
お金を上手に使う
ことはできないニャ
そっか…
私、お金をずいぶん
雑に使ってたな…
1000
千円
今日の1000円は
いつもと重みが
違ったニャ？
うん！
使う前に
すごーく考えた！
ぐっ
それが大事!!
使い道をしっかり考えて
自分で決められるのが
お金上手の基本ニャ
よっ
2つの力がついたニャ〜
組み立てる力
ぶれない力
一番欲しいものを買うと
使った金額以上の
満足が得られるニャ
んふ♪
確かに…
とっても
いい気分！

満足を大事にすると
衝動買いやストレス買いも
なくなる
SALE
いらなーい
ムダが減り、節約しなくてもお金が残るニャ
お金と心はつながってるニャ
わかった!!
これからはお金をもっと大事に使う！
じゃあ次は、買う時に
「これは必要？」って
質問しながら過ごしてみるニャ
ぶれない力のトレーニングニャ
え？それだけ？
家計簿とか…
それはまだ早いニャ
買い物もこれまで通りでいいニャ
節約もしなくてOK
買う時の質問
だけを意識
してみるニャ
あれこれとびつかないのが大事
血がさわぐ
ニャー!!
とびつき禁止ね…
んにゃ
べちっ

# 買い物のクセを直せば貯金が増える！

ぶれない力　組み立てる力

## お金の使い方を見直すことが貯め上手への第一歩

「お金を貯めよう！」と思うと、貯めることに意識が向きがちですが、その前に、自分のお金の使い方を見直してみましょう。普段なんとなくしている買い物に、実はムダな支出＝貯められない原因があるかもしれません。

次のような行動をしている人は注意しましょう。

● ほぼ毎日コンビニに行っている

↓予定外の買い物が増える

● 得なのでまとめ買いを心がけている

↓ストックがたくさんあると、つい使いすぎてしまって消費のペースが上がり、すぐ買い足すことに

●冷蔵庫の中を確認せずにスーパーへ行くことが多い

↓ダブり買いをしてしまう

●ネットショップでは送料無料になるまで買う

↓目的外のものまで買うことになる

こうした小さなムダ買いも、合計すると大きな金額になるはずです。正しいお金の使い方をもとに、じっくり考えてから買うクセをつけましょう。そうすることでムダづかいが減り、「いつの間にかお金がない！」状態がなくなります。

## お金を正しく使ってみよう！

じっくり考えてから買い物をする習慣を身につけると、予算内でいいものを選ぶ力がつきます。満足感も高まり、やりくりが楽しくなる効果も。

### 1. 予算を立てる

「1000円でマグカップを買う」など、欲しいものにいくらまでお金を出せるか、明確にしましょう。

あまり高額の予算だと、選択肢が多くなって悩んでしまうことも。まずは500円や1000円程度の買い物で練習するのがおすすめ。

## 2. 何を買うかを決める

色々と候補を出し、どれを買うとベストかを考えましょう。

### 考える時のポイント

- 一番欲しいのはどれ？
- 買ったらどんなメリットがある？
- 一番満足しそうなのは？　などを自分に問いかけてみましょう。

## 3. 買う

実際に買ってみて、どんな気持ちになるかを確認しましょう。

嬉しい気持ちになるかどうかで、その買い物が有意義だったかどうかがわかります。

# 買い物上手の呪文でムダ買いがなくなる

ぶれない力　組み立てる力

## 買い物上手の呪文でムダ買いをなくす

考えてから買うクセをつけるため、買う前に、自分にこんな質問をしてみましょう。

- これ必要？（ないと困る？）
- いつ使う？　どのくらい使う？
- いつまで使える？
- 予算内で買える？
- 似ているものを持ってない？
- 使い道がいくつある？
- 買うと喜ぶ人がいる？

買う前にこれらを唱えると、心が落ち着き、本当に買うべきかどうかを冷静に考えることができます。その結果、ムダな買い物＆支出を減らせるようになります。買うと決める前に、自分に問いかけるクセをつけましょう。

## 買い物のマイルールをつくろう

買い物上手になるには、自分の暮らしや価値観に合わせた買い物ルールを持つことも大切。一度ルールを決めてしまえば、買う時の迷いやストレスも減ります。ポイントは、一気にあれこれルール化しないこと。ルールが多いとストレスがたまり、続けられなくなります。できそうなものから試し、効果があるものを組み合わせ、自分に合うルールをつくっていきましょう。

## 買い物のマイルールをつくろう

あらかじめルールをつくっておけば、衝動買いや予定外の出費が減り、お金が自然に貯まります。以下を参考に、マイルールをつくってみましょう。

### 必要な時に必要な分だけを買う

特売だから買うのではなく、多少割高でも、今必要な分だけを買うようにしましょう。ダブり買いが減らせます。

「ティッシュは残り１箱になったら買う」など、補充のルールを決めておくと管理しやすくなります。

## 欲しいものはすぐ買わず メモを取って後日決める

欲しいと思ってもすぐには買わず、メモを取って保留にします。時間をおくことで、本当に必要かがわかり、衝動買いを防げます。

「今だけ」や「期間限定」という言葉にも注意！

## 購買欲を高めるNGワードに気をつける

「いつか使うかも」「あれば便利」「せっかくここまで来たし」「限定品」など、ムダ買いを正当化するNGワードに注意しましょう。

# お金が貯まるのはどっち？

次のようなケースで、あなたはⒶとⒷのどちらの考え方をしますか？　お金に対する考え方で、貯め上手かどうかがわかります。

**ケース１「定額制動画配信が月額1000円に値下げ！」**

Ⓐ月1000円なら出せる！

Ⓑ１年で１万2000円になるのか…

映画も海外ドラマも見放題なら安い！
家族で外食
ドライブ
1万2000円あれば色々できそう


## 貯まるのはⒷ
## 支出は短期でなく長期で考える

月々の支出は少額でも、年単位で計算すると、かなりの金額になります。長期でいくらかかるかを計算した上で、本当に必要かどうかを考えましょう。

毎日150円のジュースを買うと、１週間で1050円、１ヵ月で4500円、１年で５万4750円に！　小さな出費も積もれば大金に。本当に必要か考えましょう。

## ケース２「２万円の服がバーゲンで6000円に値下げ！」

Ⓐ何回くらい着るかを考え、１回あたりいくらになるかを計算する

Ⓑ安いから買おう！

### 貯まるのはⒶ
### 金額でなく回数で考える

買う前に使う回数を考え、１回いくらになるかを計算してみましょう。その上で安いか高いかを考えると、ムダ買いを防げます。

2回くらいしか着ないかも…
高
6000円÷2回＝3000円

1000円の服でも、着るたびにクリーニングに出さないといけないものなら、結局高くつきます。ものを買う時は、アフターケア代なども考えて判断しましょう。

スマホで計算してみるニャ

Point!

### どんなことも
### かけ算と割り算で考える

１年でいくらになるか「かけ算」ができる人、１回あたりいくらか「割り算」ができる人になると、ムダな買い物をしなくなります。

## 教えて！横山先生①

Q

私、まったくもって
貯められないんですが…

A

### まずは「小さな目標」から始めましょう

貯められない人は「貯められない自信」があるんです。どんなにお金のことを勉強したり、家計簿をつけようとしても「私は貯められない」と思っていると、貯金のやる気も上がらず、なかなかうまくいかないんですね。こういう人は、小さくてもいいから成功体験を積んでいくのが大切。まずは「赤字にしない」を目標に、家計管理にチャレンジを。それが成功したら次は「3ヵ月で5万円貯める」など、自分にできる範囲でレベルアップしていきます。目標というと「100万円貯める」など、大きなものを設定しがちですが、これまで赤字だった人が3ヵ月で5万円貯められたら、すごいこと。小さな目標→達成をくり返していくことで、「私にも貯められる」という自信をつけていきましょう。

# 第2章
# ゆる家計にチャレンジ

2週間後
HAPPY MALL
1人暮らしは順調？
Fashion Fair 3Days
店内全品20%OFF
まぁまぁかな～
仕事で遅くなっちゃって
美幸（28）
かなこの妹
あ、これかわいい～
お姉ちゃんもこういうの好きじゃない？
んー…私はいいや
なんかお姉ちゃん変わったね
最近買い物ルールつくったんだ
うちでお茶してく？
福にゃ～ん
あっ
おかえりニャ～
パタ
パタ
やばい!!
福にゃんが…
か…

かわいい〜!!
ニャニャニャ〜
てて
ぎゅっ
大丈夫? しゃべってるけど…
かわいければいい〜
フフフ
調子はどうニャ?
ごろごろ
ぐっ
順調!!
買う時に〝必要?〟って考えるようにしたらムダ買いも減ってきたよ
じゃあ今月はゆる家計簿にチャレンジ!
おお〜
ついに家計簿が!!
ゆる家計簿は2ステップだけ
ゆる家計簿
①レシートを集める
②店名と金額を家計簿に書く
え?
費目分けとかは…
そんなのは不要ニャ
書くのも週末とかでいいニャ

ヒマな時間はごろごろするニャ〜
ごろごろ〜
かわいい〜
…
カシャ
今度こそ私はやるんだ！
ぐっ
やる家計簿
目標
家計簿がつけられる女
……
メラメラッ
1週間後
……
どうしたのニャ？
食べすぎたのかニャ？
…それが
どうせなら費目分けして家計簿をつけようとしたけど続かなくて…
この姿勢何度目…
うっうっ…
真っ白
やれやれ家計簿の〝記録のワナ〟に落ちたニャ
ワナ？

一生懸命費目分けしたり 1円まできっちり つけようとして 結局挫折することニャ
あ〜また落ちたニャ
友達との食事は食費？交際費？
ズボッ
合計が3円あわない〜
ズボッ
ひゃ〜〜
家計簿をつける目的は
お金の流れを知ること
それがわかれば多少の誤差はOK。費目分けも不要ニャ
ゆるくても続けられる方が大事ニャ
わかった…
うう…
あと、今日感じたことも一言メモで書くといいニャ
詳しくはまた説明するニャ
スーパー 3000円
買い物セーブできた！
コンビニ 300円
衝動買いしちゃった
服 2000円
旅行いきたい
お金じゃないことでも OK!!
目標を下げて再チャレンジニャ
目標
ゆるくても 1ヵ月つける！
うん!!

1カ月後
で…
できたー!!
1カ月書けた!!
すげ～
よく頑張ったニャ
ありがと～
よしよし
じゃあ次、家計簿は振り返りが大事ニャ
くりん
んふ
まず、今月の給料に支出はおさまっているかニャ？
ちょっと出てる…
1万円ほど…
う…
今はそれがわかっただけで花マルニャ！
わーい
やったね！
続いてお金の使い方チェック
ざっと見て気づくことはあるかニャ？
えっと…
コンビニでの買い物が多い
外食も多いかもな
お金の流れが見えてきたニャ

次は支出を３つに分けてみるニャ
３つの支出
消費　生活に必要な支出
浪費　生活に必要でない支出
投資　将来の自分に役立つ支出
今月の支出がどれに当てはまるか線を引いてみるニャ
消費＝黄
浪費＝赤
投資＝青
とかニャ
は～い
えっと～
これは消費で…
これは浪費？
一言メモも読むと振り返りやすいニャ
わ～浪費だらけ…
真っ赤…
コンビニ 800円
おかし
スーパー 2000円
服
セール品
3500円
5000円
コンビニ 600円
ホームセンター 2500円
パーツ代
色分けするとよくわかるニャ
浪費が多いと思ったら来月はそれを減らす
消
浪
投
消
浪
投
へえ～
こうすると家計管理がどんどんうまくなるニャ
よし！しっかり振り返ろう！
ん？
このパーツ代って何？
パーツ代
バイクの…
秘密のお金もバレバレニャ

# 簡単だけど効果あり！ゆる家計簿をつけよう

せいとんする力　つづける力

## 細かいことは気にしない　これが家計簿を続ける秘訣

家計簿をつけ始めると、「付き合いで飲みに行ったお金は食費？　交際費？」など、費目選びに迷ったり、「計算したら23円合わない」など、収支が合わないことが起きます。こうしたことが原因で家計簿をつけるのをやめてしまったという人も多いでしょう。

しかし、家計簿はきっちりつけなくてもいいのです。家計簿の目的は「お金の流れ（何にいくら使っているか）を把握すること」で、完璧な記録を残すことではないからです。メモ程度でもいいので、使ったお金を書き出すようにすれば、「毎月の食費がいくらかわからない」「通信費はこのぐらいかな」といった、あやふやな状態から抜け出し、お金の流れが見えてきます。細かいことは気にせず、とにかく続けることを大事にしましょう。

## レシートをためて、ゆる家計簿に挑戦！

本書でおすすめしているのが、次のページで紹介する「ゆる家計簿」。レシートをため、店名やカテゴリー（食材・服・映画など）と金額だけを記録します。「費目分けしない」「１００円単位で書く」ことで無理なく続けられるのがポイントです。月の収支も５０００円くらいの誤差はＯＫ。ハードルを下げ、まずは１カ月続けることを目標につけてみましょう。

## ゆる家計簿のつけ方

家計簿をつけたことがない人や、1年続いたことがない人でも簡単にできるのが「ゆる家計簿」。3ステップのシンプルさが長続きするポイントです。

### Step 1 レシートをためる

- 買い物をしたら必ずレシートをもらいます。
- 自販機や割り勘など、レシートのないものは手帳などにメモします。

財布がレシートでパンパンにならないように注意！レシートをためる箱を用意し、1日の終わりにそこに入れるクセをつけると、管理しやすくなります。

## Step 2 家計簿に記録する

● 費目分けはせず、店名やカテゴリーと金額を家計簿に書きます。

| 9/1(月) | 9/2(火) | 9/3(水) | 9/4(木) |
|---|---|---|---|
| スーパー<br>3000円 | 美容院<br>8000円<br><br>おやつ<br>600円<br><br>本<br>800円 | スーパー<br>2000円<br><br>コンビニ<br>500円 | コスメ<br>2200円 |

余裕があれば買った日に記録し、一言メモ（→ P65）も書きましょう。忙しい人は週末にまとめて記入でもOK。無理なく続けられる方を選びましょう。

## Step 3 つけた家計簿を振り返る（→ P66 ～）

● 書いて終わりにせず、記録を振り返ることで貯めるヒントに気づくことができます。

# 家計簿の上手なつけ方

家計簿はやりくり＆貯め上手になるための強い味方。つけ方を工夫することで習慣化し、家計簿のメリットをいかしましょう。

## 手で書くと買い物グセに気づきやすくなる

店名や金額を手で書くと「またコンビニに行っている」「お菓子を買いすぎ」など、自分の買い物グセに気づきやすくなります。

書くのは手間がかかるため、「頻繁に書きたくない」「ムダづかいは記録したくない」という気持ちに。自然に買い物をセーブするようになり、ムダ買いが減ります。

## アプリやエクセルでサクサク集計

レシートを撮影するだけで金額などを記録できる家計簿アプリや、面倒な計算を自動でしてくれるエクセル家計簿だと、集計がラク。

アプリならどこでも記録できて便利

パソコンを使うのは便利な反面、「家計簿をつけるために立ち上げるのが面倒」になることも。メールチェックのついでにつけるなど、うまく習慣づけましょう。

## 振り返りに役立つ、一言メモにトライ！

記録することに慣れてきたら、一言メモをつけるようにしましょう。振り返り（→ P66 ～）にも役立ち、家計簿を続けるモチベーションも上がります。

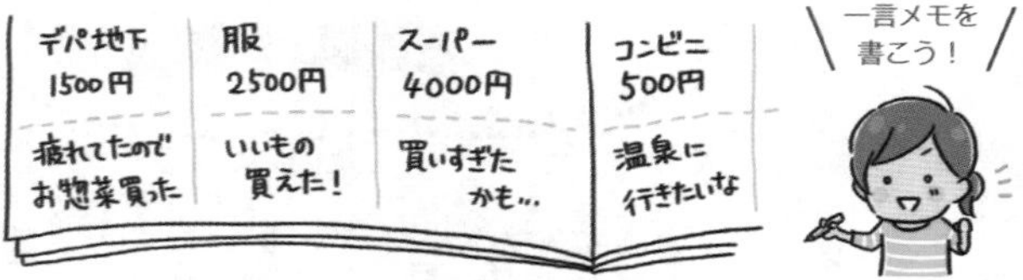

デパ地下
1500円
疲れてたのでお惣菜買った
服
2500円
いいもの買えた！
スーパー
4000円
買いすぎたかも…
コンビニ
500円
温泉に行きたいな
一言メモを書こう！


### 買い物に対するメモ

「来客用のお菓子を買った」「衝動買いしちゃった」など、買い物の内容や気持ちを書いておくと、「消・浪・投分け」（→ P70 ～）に役立ちます。

### 今日の気分のメモ

「旅行したい」「今日はちょっとお疲れ」など、今日の気分を書くのも OK。家計簿が話を聞いてくれる友達のような存在になり、書く意欲がわきます。

「日用品 2000 円」だけの記録だと「高い」と思ってしまいますが、「鍋が壊れたので買い直した」などのメモがあれば、内容を振り返りやすくなります。

家計簿を続ければ家族が幸せになれるニャ


Point!

### 「得」が多ければ面倒でも続く！

人は「損・得」で動くもの。家計簿をつけるのが面倒という「損」より、家計簿でお金が貯まるという「得」が勝れば続きます。

家計簿のメリットは「ムダがわかる」こと。するとお金が貯まり、好きなものが買えるように！ 振り返り（→ P66 ～）で、家計簿の「得」を実感しましょう。

# 家計簿の振り返りでムダを改善

ぶれない力　せいとんする力

## 家計簿は振り返ってこそ意味がある

家計簿を1カ月つけたら、「振り返り」をしてみましょう。買い物の金額を記入しただけだと、家計簿はただの記録で終わってしまい、何の役にも立ちません。

月に一度、家計簿を振り返ることで、毎日のお金の使い方やムダづかいの傾向が見えてきます。そこから自分の買い物グセに気づき、翌月のやりくりで改善していけば、お金の使い方がどんどんうまくなります。

## 支出を「消《ショー》・浪《ロー》・投《トー》」に分ける

家計簿を振り返る時にチェックしたいのは、「何をいくらで買ったか」ではなく、「なぜ買ったのか」「本当に必要だったのか」ということです。

それを知るために、支出を「消費・浪費・投資」の3つに分けてみましょう（↓70ページ～）。ここでのポイントは「買ったその日ではなく、時間をおいてから分ける」こと。買った時は嬉しくて、「有意義な買い物をした」と思っていても、時間をおいて冷静に見直すと、ムダな買い物だったと気づくこともあるからです。

消費＝黄、浪費＝赤、投資＝青で家計簿に線を引いていくと、何にムダづかいしているかが一目瞭然。すると「来月は赤＝浪費を減らそう！」とやる気になり、ちょっとしたゲーム感覚でムダづかい防止に取り組めます。

## 家計簿の振り返り① 買い物グセをチェック！

まずは家計簿をざっと見て、自分の買い物グセに気づきましょう。ムダを見つけて改善していけば、自然に買い物上手になれます。

| 第1週（9/1～9/7） | 第2週（9/8～9/14） | 第3週（9/15～9/21） |
| --- | --- | --- |
| 9/1<br>スーパー 3000円<br>お米が安かった | 9/8<br>スーパー 4500円<br>少し買いすぎたかも | ❶<br>9/15<br>スーパー 4000円<br>遊園地 10000円<br>家族で遊んで<br>楽しかった |
| 9/2<br>美容院 8000円<br>おやつ 600円<br>本 800円<br>ケーキおいしかった | 9/9<br>コスメ 5000円<br>ランチ 1200円<br>ママ友とランチ | 9/16<br>コンビニ 500円<br>パパとケンカした |
| 9/3<br>スーパー 2000円<br>コンビニ 500円 | 9/10<br>スーパー 2000円<br>コンビニ 500円<br>旅行に行きたいな | 9/17<br>服 4000円<br>ケーキ 1000円<br>ストレス買い<br>してしまった…<br>❷ |

ちょっと
寄っちゃお～
24 コンビニ

check ❶

## どの店によく行く？

買い物に行く回数が多いと、ムダ買いする可能性がアップ。必要のないお店に行く回数を減らし、ムダ買い防止につなげましょう。

会社からの帰宅途中についコンビニに寄ってしまうなど、日常のちょっとした習慣がムダづかいのもとになっているかも。

check ❷

## 買い物が増えるのはいつ？

パパとケンカすると
増える…

「疲れるとつい外食をしがち」「給料日の後は買い物の量が増える」など、何がきっかけで買い物が増えるかを確認し、減らす工夫を。

「今日は仕事でストレスを感じて、ついお菓子を買ってしまった」など、家計簿に一言メモを書いておくと見直しやすくなります。

## 家計簿の振り返り②「消・浪・投」に分ける

「消・浪・投」の分け方を知り、家計簿に線を引いてみましょう。
自分の支出がどんなバランスになっているかもチェック。

### 「消・浪・投」の基本のつけ方

以下を参考に、買ったものを「消費」「浪費」「投資」に分けてみましょう。

**消費** 生活に必要な支出
（食費や住居費、水道光熱費、教育費、被服費、交通費など）

**浪費** 生活に必要でない支出、ムダづかい
（お酒やタバコ、コーヒーなどの嗜好品や、度を超えた買い物など）

**投資** 将来、自分や家族に役立つ、意味のある支出
（習い事や本など学ぶための費用、貯蓄、投資信託など）

「消費」は黄、「浪費」は赤、
「投資」は青で家計簿に線を引くニャ

| 第1週 (9/1～9/7) | 第2週 (9/8～9/14) | 第3週 (9/15～9/21) |
|---|---|---|
| 9/3<br>おやつ 600円<br>本 1000円 | 9/8<br>スーパー 4000円<br>服 6000円 | 9/15<br>コンビニ 400円<br>ランチ 1000円 |

## 「消・浪・投」の理想バランス

**支出を「消費」「浪費」「投資」に分けたら、それぞれの金額を計算し、下の理想バランスに近づけるよう改善しましょう。**

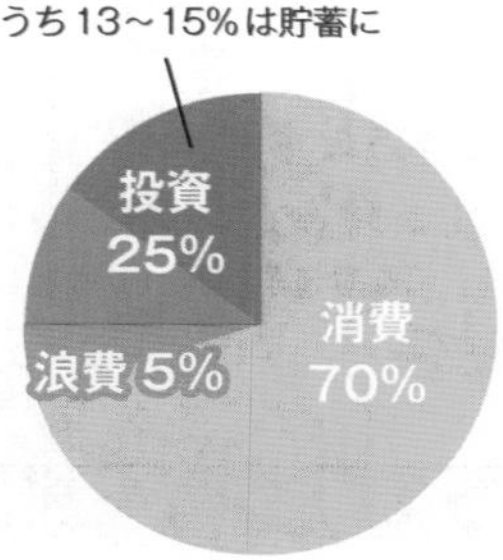
うち13～15%は貯蓄に
投資
25%
浪費 5%
消費
70%

計算してみるニャ

例 手取りが30万円の場合

消費：21万円
浪費：1万5000円
投資：7万5000円（うち4万5000円は貯蓄へ）

過剰な「浪費」は減らすべきですが、ゼロにしようとするとストレスがたまります。人生を楽しむために適度な「浪費」は必要と考え、5%くらいはOKとしましょう。

## 家計簿の振り返り③「消・浪・投」のポイント

おやつは消費？ それとも浪費？ 家計簿の一例を見ながら「消・浪・投」のメソッドを学びましょう。

### 「消・浪・投」分け方のポイント

お菓子や小物など、生活必需品でなくても仕事や家事へのやる気を高めてくれれば「投資」になります。買って満足したか、後悔したかも振り返って判断すると◎。

| 第1週 (9/1～9/7) | 第2週 (9/8～9/14) | 第3週 (9/15～9/21) |
|---|---|---|
| 9/1<br>スーパー 3000円<br>お米が安かった<br><br>9/2<br>美容院 8000円<br>おやつ 600円 ❶<br>本 800円<br>ケーキ<br>おいしかった | 9/8<br>スーパー 4500円<br>少し買いすぎたかも<br><br>9/9<br>コスメ 5000円<br>ランチ 1200円 ❷<br>ママ友とランチ | 9/15<br>スーパー 4000円<br>遊園地 10000円 ❸<br>家族で遊んで<br>楽しかった<br><br>9/16<br>コンビニ 500円<br>パパとケンカした |

check ❶

## おやつは消費？ 浪費？

夕食までの空腹をしのぐのに役立つなら「消費」。おやつを食べすぎて食事がとれなくなってしまったら、「浪費」になります。

おやつの買いすぎは「浪費」ですが、「今週１万円でやりくりできたらケーキを買う」など、目標達成のご褒美なら「投資」になります。

check ❷

## ママ友との食事代は投資？

関係づくりやリフレッシュに役立つなら「投資」。だらだらおしゃべりをするだけなら「浪費」になるので、回数を減らすなど工夫を。

check ❸

## テーマパークに行くのは投資？

子どもも親も楽しく、明日への活力になったら「投資」。並ぶのが苦痛だったり、子どもが小さくて価値がわからないなら「浪費」に。

食材は基本「消費」ですが、使い切れなかったら「浪費」です。生きていくのに必要なものでも、うまく使い切れなかったり、ムダにしてしまったら「浪費」になるので注意を。

お姉ちゃん家計簿続いてるの？
だいぶ慣れてきたよ〜
ゴロゴロ
最近はゲーム感覚でやってるんだ
ムフフ
いかに浪費を減らすか!!
すごーい
前よりムダは減ってきたけどまだ赤字で…
もそもそ
固定費の中の隠れ浪費を見つけるのニャ
ぱこっ
わ!!
隠れ身の術ニャ
かわい〜
……
家計も整頓されてきたしこの辺で固定費の見直しをするニャ
住居費や光熱費など毎月一定額がかかる費用ニャ
よっこらせ
ちまちま節約するより大幅な支出カットができる！
工夫する力ニャ!
ザクッと
固定費
CUT
節約効果がず〜っと続く!!
へぇ〜

例えば通信費
携帯はどんなプランに入ってるニャ?
えーっと…
お店の人のおすすめに…
月7000円くらい
要するによくわかってないのニャ?
ぐさーっ
図星
う…
固定費のワナは自分の支払い額に疑問を持たないこと
お店の人に言われるがままに入り…
オトクですよ～
トクトクプラン 7000円
ふ～ん… じゃあそれで
みんなもこれぐらい払ってると思い込んで、プランを見直さない…
そこにムダの落とし穴があるニャ
やれやれ…
あぁ～…
落ちてたわ…
スマホは毎月どのくらい使うの?
通話はほとんどしない…
LINEばっかり
ぐすん…
格安スマホにすれば月2000円くらいになるわよ
私も使ってるの
1年で6万円カット!?
ぴょい～ん
調べればすぐ節約できるニャ
んふ

変動費はどうニャ?
月の予算はわかってきたけど…
1ヵ月の中で支出に波があって…
荒波消費ニャ
よゆー♪
使いすぎ
使っちゃえー♪
使いすぎた! 節約しなきゃ!!
リバウンド
節約
給料日
給料日
やりくりは月より週の方がおすすめニャ
例えば…
食費と日用品費の月予算はいくらニャ?
え〜っと
月4万円くらいかな
それなら週に1万円でやりくりする方が期間も金額も小さくて把握しやすいニャ
例 月の予算が4万円の場合
1週間の支出を
1万円以内におさめる
なるほど〜

特に払う機会が多い食費・日用品費は
専用の財布で管理するのがおすすめニャ
週予算の ラクラク♪ やりくり術
❶月曜日に
週の予算を
財布に入れる
❷1週間
そのお金で
やりくりする
残金も
すぐわかる!
足りなくなったら
翌週の予算から前借りする
(翌週はその分を減らしてスタート)
週ごとの支出が
均等になって
安定して使えるニャ
早速やってみる!
んふ
週管理で
ラクラク
波乗りニャ~
やるわよ~
お姉ちゃん…
ビキニは
もう……
ザザーン

後日
いつ来てもキレイな部屋〜
ありがとう
ね〜
いいな〜
最近、片づけたらお金が貯まったっていう本を読んだの
これ
片づけでお金？
自分が何を持ってるかがわかればダブり買いも減らせるって
私も雑誌で見たよ
ストレスが減って衝動買いも減るとか…
ガタン
ごめん!!
私帰るわ！
お茶は？
じゃっ
片づけはめんどくさい…
ぐっちゃ〜
でもこれでお金が貯まるなら…
うう…
やるぞー!!
お金のためならエンヤコラ!!

ただいま〜
うわー
スッキリ!
何ごと?!
キレイに
なった
でしょ
ふふふ♡
ピカ
ピカ
これでムダ買いが
ますます減るニャ
せいとんする力
アップニャ
不要品も
出したし
今持ってるものも
すぐにわかる
せんたく
せっけん
ストレスも
物欲も
減るわ♡
ハ〜
おまけに
頭もスッキリ!
家がキレイだとお金も
ますます貯まるニャ
はい
ニャ
¥
まさに一石二鳥!
ついでに
福にゃんも
キレイに♪
やめろ
ニャ〜
アワ
アワ〜
猫は
大変だな

# 家族が幸せになる ゆる家計

ぶれない力　せいとんする力　工夫する力

## 収入の範囲内でやりくりする ゆる家計にチャレンジ

我が家のお金の流れが見えてきたら、次はそれを整える「ゆる家計」にチャレンジしましょう。

ゆる家計の基本は「収入の範囲内でやりくりすること」。そのための一歩として、もし今の家計で高すぎる固定費や変動費があれば、減らせるように工夫しましょう。

本書でも、費目ごとの見直しや節約法を紹介していきますが、ポイントは「今の自分の暮らしでできるものから無理なく取り入れる」こと。一気にあれもこれも削ろうとすると、生活が乱れてストレスのもとに。できるものから少しずつ試して、自分のライフスタイルに合う家計に近づいていくのがおすすめです。

## 人と比べない予算を立て「我が家の価値観」で豊かに暮らす

支出を見直す時は、人のお金の使い方と比べないことも大切です。「みんなは旅行によく行くのに、うちは行けない」などと比べていると、不満や我慢がたまって苦しくなります。それより「私は何にお金を使えると幸せになれる?」と考え、自分や家族が喜びを感じるものに予算を振り分けるようにしましょう。「我が家の価値観」を大事にして予算を組めば、暮らしの満足度が高まって余計な出費も減り、貯金にもまわせます。

## 家計を見直す4つのステップ

４つのステップで、自分や家族の価値観に合った家計づくりをしましょう。１つずつ丁寧に取り組んでいくのがポイントです。

貯金
収入
固定費
毎月一定額が出ていくお金
住居費（家賃もしくは住宅ローン）、水道光熱費、
通信費、保険料、塾費用、こづかいなど
変動費
日々の生活で出ていくお金
食費、日用品費、被服費、交際費、交通費、
医療費など

### 固定費と変動費の見直しからスタート

収入は「貯金」「固定費」「変動費」の３つに分けることができます。固定費・変動費の使い方を見直すと、貯金額をアップさせることができます。

## Step 1　固定費を見直す

- 余分な固定費をカットし、毎月の節約につなげる（→ P84 〜）

↓

## Step 2　変動費を見直す

- 無理のない範囲で見直す（→ P90 〜）

↓

## Step 3　月予算を立てる

- 費目ごとに予算を立て、自分の生活に合うようにバランスを取る（→ P96 〜）

↓

## Step 4　週分けで管理する

- 週単位で予算を立て、1 週間でやりくりする（→ P100 〜）

これをすれば
我慢しなくても
自然に貯まるニャ
ラクチンニャ〜♪

# 固定費を見直して
# ムダ支出を大幅カット！

ぶれない力　せいとんする力　工夫する力

## 節約は「固定費の見直し」から

節約というと食費などの変動費から始める人が多いのですが、そうするとストレスがたまりやすく、生活の満足度が下がり、実は節約効果も低め…とあまりおすすめできません。

一方、住居費や通信費、水道光熱費などの固定費は「金額が大きい分、節約できれば大幅なカットにつながる」「一度見直せば、節約効果が毎月続く」など、大きなリターンが期待できます。

## 情報収集のアンテナを立てて固定費カットのヒントを探す！

「引っ越しできないから、住居費は削れない」「光熱費はこれくらいかかるもの」「今のスマホが手放せない」など、「固定費はこれ以上削れない」と決めつけていると、大きな節約のチャンスを見逃すことになります。

まずはその思い込みを外して、気軽な気持ちで情報収集をしてみましょう。ネット、口コミサイト、店頭のカタログや駅のポスター、テレビのコマーシャル、友人との会話など、色々なものにアンテナを張りめぐらせると、新しいサービスやオトクな料金プラン、割引キャンペーンなどの情報が集まってきます。その中には、今の生活レベルを変えずに固定費を減らす方法もきっとあるはず。発想を柔軟にし、色々な節約アイデアを探してみましょう。

# 固定費の見直し① 通信費

加入した時の料金プランのままだと、知らないうちに損していることも。最新のサービスやプランを調べ、オトクなものに変えましょう。

## 格安スマホに乗り換えで、通信費が激減する！

通話をほとんどしないなら、格安スマホを検討してみましょう。大手キャリアの1/3程度の料金で、スマホをオトクに使えます。

「電話番号を変えなくても乗り換えられる」「今使っている端末をそのまま使える」など、乗り換えは簡単にできます。ただし、大手キャリアのメールアドレスは引き継げないなどの制限もあるので注意。

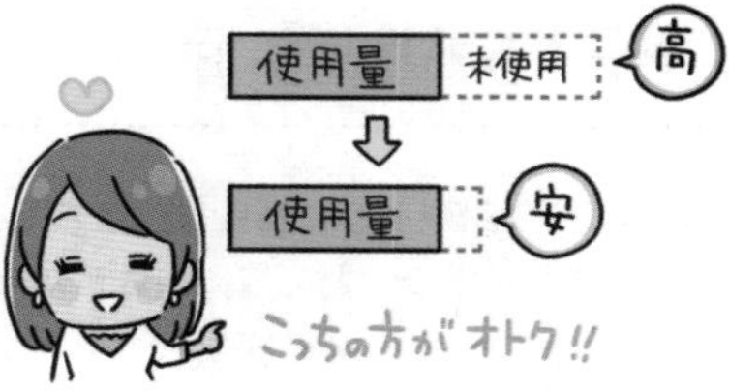


## プランの見直しでムダをカット

自分が実際に使っているデータ量よりも、容量が多めのプランを組んでいないかを確認し、自分の使用量に合うプランにしましょう。

動画の視聴やアプリのダウンロードの時には、Wi-Fi に接続してデータ使用量を節約しましょう。無料通話アプリを使用して通話料を抑えるのもおすすめです。

## ネット回線とスマホの会社統一で安くなる

ネット回線とスマホを同じ会社にすると、セット割でオトクに。毎月2000円程度安くなれば、年間で2万4000円も節約に！

各社にオトクなセットがあるので、調べてみましょう。

## 固定費の見直し② 住居費

住居費は手取り収入の25～30%が目安。ここを抑えると貯金が増え、万が一のリストラなどで収入が減った時も安心。

一戸建てが
月2万円!!
田舎
ぐらしも
いいわね…

### 家賃の安いところに引っ越す

家賃が２万円下がれば、年間24万円もカット。家賃が安いエリアを探す、間取りを検討するなどの工夫を。郊外は物価も安い傾向にあります。

引っ越しは一時的にまとまったお金が必要になりますが、引っ越すことで家賃が減れば、半年や１年でもとが取れます。

### 住宅ローンの借り換えを検討する

住宅ローンを払っている人は、借り換えシミュレーションを検討。借りた時よりも低金利なら、返済額が減ることも多いのです。

Down!
返済額
高金利
低金利

支払いが残っている人ほど借り換えのメリットは大

賃貸の場合は契約更新時に、大家さんに家賃の値下げを交渉するのもおすすめ。相場より高いと感じていたら、下がる可能性があります。

## 固定費の見直し③ 光熱費&習い事代

電力の自由化に伴ってできたサービスや料金を活用しましょう。
また、つい増えがちな習い事は、始める前にしっかり検討を！

### 安い電力に契約変更を

契約会社や料金プランを変えることでオトクに。ただし「2年間の契約が必要」「ネットとセットで」などの条件がつくことも。

ネットで電気料金を比較できるので、調べてみましょう。

### 自分で教えたり、格安教室を探す

一緒に図鑑を見たり、自然の中で遊ぶことでも、子どもは色々学びます。行政主催のものや個人の教室など、格安教室を探すのも◎。

習い事は月謝だけでなく、材料費や教材費、通うための交通費などもかかります。諸経費がいくらかかるか、始める前に確認を。

※保険の見直し（→ P166～）もすると、固定費を大幅にカットできます。

# 変動費の見直しで家計がラクになる

ぶれない力　せいとんする力　工夫する力

## 変動費の無理な節約はストレスのもとに

固定費を見直したら、次は変動費の見直しをしましょう。84ページでも書いたように、変動費は無理に削るとストレスのもとに。食事や洋服、人付き合いなど、毎日のシーンに表れるものなので、無理な節約をすると生活の質が下がってしまいます。我慢しすぎてストレス買いを招いたり、食費を削りすぎて体調を崩し、医療費がかかってしまっては、せっかく頑張った節約も意味がなくなってしまいます。生活の質を落としすぎず、ストレスのたまらない範囲で変動費の見直しをしましょう。

節約は一生続くもの
長く続けられる方法を探そう!

変動費の見直し、節約は「無理せず、ゆるやかに、徐々に」が基本。一度にあれもこれも節約しようとせず、「あまりに支出が多い費目」や「削ってもそこまで気にならない費目」からムダを減らしていくようにしましょう。

また、自分や家族が幸せを感じるもの、大切にしたいものにはお金をかけるようにすると、暮らしの満足度が上がります。するとほかのところでお金を使わなくても気にならなくなり、自然と支出が減らせるという嬉しい効果も。「何にお金を使うと毎日が楽しくなるか」を考え、工夫することも節約につながります。

## 変動費の見直し① 食費

食事は家族の健康や心の満足度を左右するものなので、節約は慎重に！　ホットプレート料理は簡単＆見栄えがいいのに加え、イベント感もあって楽しい食事ができます。

### 食事を充実させると、間食を減らせる

食事で食欲が満たされれば、お菓子やジュースを欲しがることが減ります。栄養バランスや好みを大切にした食事を心がけましょう。

品数を増やしたい時は、カット野菜や惣菜のフライをちょい足し。
予算が足りない時は、冷蔵庫のハンパ食材でカレー鍋に。

## なんとなく外食をやめ家ごはんの質を高める

外食が多いと、１回の支出を抑えるために安い店を選びがち。食材をリッチにして家ごはんを楽しむ方が、低コストで満足度もアップ。

高級食材を使っても、外食よりは低コストで済みます。高級ラインの冷凍食品やレトルトなら味もおいしく、外食並みの満足度に！

## ネットの共同購入で外食をオトクに！

制限時間内に一定の購入希望者が集まると買える共同購入は、グルメの商品が豊富。割引率も高いので、外食費の節約におすすめ。

共同購入クーポンサイトは、グルーポン（https://www.groupon.jp）、くまポン（https://kumapon.jp）などがあります。

## 変動費の見直し② 日用品費＆被服費

日用品はストックを減らし、買いすぎないことが大切。服は値段や流行りに振り回されず、好きな服を長く着る方がオトク！

ストックを減らすと在庫がわかり、ダブり買いを減らせます

### 使った分だけ補充しムダ買いを減らす

日用品は安いとまとめ買いしがちですが、大量にあると消費ペースも上がりやすくなります。ストックは最小限にし、使った分だけ補充を。

### 1着買ったら1着捨てるルールで吟味する

服は値段に関わらず、「1着買ったら1着捨てる」ようにしましょう。買う時に慎重になり、衝動買いを防げます。

1回の着用が100円以下になる服を選ぶと、ムダ買いが防げます。4000円のニットで、着るのが冬（12～2月）に週1回なら、1年で12回。4年以上着るなら買いです。

## 変動費の見直し③ 交際費＆その他

ちょっとした工夫で、楽しみながら支出カットを。また、専業主婦も遠慮せずおこづかいを設定しましょう。自由に使えるお金があると、ストレスや衝動買いを減らせます。

### 外食の回数を控えたり、自宅ランチを提案

ママ友との外食ランチは週２回までと回数を決めたり、自宅に招いてランチすれば、関係を崩さずに節約できます。

### 欲しいものはおこづかいから買う

個人的な買い物は、おこづかいから買いましょう。家計に影響せず、予算内で好きなものを買えるので、楽しみが増えます。

掃除機の買い替えなど、普段の生活用品以外で家族に必要なものは、毎月の生活費とは別に予算を組みましょう（→ P150 〜）。

# 1ヵ月の予算を立ててみよう！

自分のライフスタイルに合った予算を立ててみましょう。「無理なくできる予算バランスにすること」が大切です。

## 理想のバランスを参考に予算を立ててみる

予算を立てるのが難しいという人は、「理想の家計バランス」（→ P98～）の中から自分の家族構成に近いものを参考にして立ててみましょう。

暮らしで大切にしたいものは人それぞれなので、「理想の家計バランス」とまったく同じ割合や予算にしなくてOK。自分の暮らしに合わせて調節しましょう。

## 費目を見比べて削りどころを見つける

「食費を多くしたいから、被服費を1％減らす」など、増やしたい費目があれば、削りやすい費目から予算を移動しましょう。

立てた予算で実際に1ヵ月過ごすと、どの費目の予算が多い、少ないかがわかります。そうしたら翌月はそこを調整し、新しい予算でやりくりしましょう。それをくり返すことで、自分に合う予算が見つかります。

## 私の月予算

| 家計費内訳 | 割合 | 金額 |
| --- | --- | --- |
| 収入（手取り） | 100% | |
| 住居費 | % | |
| 食費（外食含む） | % | |
| 水道光熱費 | % | |
| 通信費 | % | |
| 生命保険料 | % | |
| 自動車関連費 | % | |
| 生活日用品費 | % | |
| 医療費 | % | |
| 教育費 | % | |
| 交通費 | % | |
| 被服費 | % | |
| 交際費 | % | |
| 娯楽費 | % | |
| こづかい | % | |
| 嗜好品代 | % | |
| その他 | % | |
| 預貯金 | % | |
| 支出計 | 100% | |

## 理想の家計バランス

### DINKS（子どもがいない共働き夫婦）

| 家計費内訳 | 理想割合 | 理想金額 |
| --- | --- | --- |
| 収入（手取り） | 100% | 350,000 |
| 住居費 | 25.0% | 87,500 |
| 食費（外食含む） | 14.0% | 49,000 |
| 水道光熱費 | 5.0% | 17,500 |
| 通信費 | 3.0% | 10,500 |
| 生命保険料 | 1.5% | 5,250 |
| 自動車関連費 | 4.0% | 14,000 |
| 生活日用品費 | 2.0% | 7,000 |
| 医療費 | 1.0% | 3,500 |
| 教育費 | 4.0% | 14,000 |
| 交通費 | 1.0% | 3,500 |
| 被服費 | 2.0% | 7,000 |
| 交際費 | 2.0% | 7,000 |
| 娯楽費 | 2.0% | 7,000 |
| こづかい | 12.0% | 42,000 |
| 嗜好品代 | 1.0% | 3,500 |
| その他 | 3.5% | 12,250 |
| 預貯金 | 17.0% | 59,500 |
| 支出計 | 100% | 350,000 |

### 単身者（1人暮らし）

| 家計費内訳 | 理想割合 | 理想金額 |
| --- | --- | --- |
| 収入（手取り） | 100% | 200,000 |
| 住居費 | 30.0% | 60,000 |
| 食費（外食含む） | 16.0% | 32,000 |
| 水道光熱費 | 6.0% | 12,000 |
| 通信費 | 2.5% | 5,000 |
| 生命保険料 | 1.5% | 3,000 |
| 自動車関連費 | 0% | 0 |
| 生活日用品費 | 2.5% | 5,000 |
| 医療費 | 1.0% | 2,000 |
| 教育費 | 5.0% | 10,000 |
| 交通費 | 2.5% | 5,000 |
| 被服費 | 3.0% | 6,000 |
| 交際費 | 3.0% | 6,000 |
| 娯楽費 | 1.0% | 2,000 |
| こづかい | 2.0% | 4,000 |
| 嗜好品代 | 2.0% | 4,000 |
| その他 | 5.0% | 10,000 |
| 預貯金 | 17.0% | 34,000 |
| 支出計 | 100% | 200,000 |

※単身者・DINKSの教育費は、スキルアップのための勉強代など自己投資に関するものです。
※自動車関連費がかからない人は、貯金や住居費など必要な費目の予算を増やしましょう。

### 夫婦と小学生１人・中学生１人

| 家計費内訳 | 理想割合 | 理想金額 |
|---|---:|---:|
| 収入(手取り) | 100% | 350,000 |
| 住居費 | 25.0% | 87,500 |
| 食費(外食含む) | 16.0% | 56,000 |
| 水道光熱費 | 6.0% | 21,000 |
| 通信費 | 3.5% | 12,250 |
| 生命保険料 | 5.0% | 17,500 |
| 自動車関連費 | 4.0% | 14,000 |
| 生活日用品費 | 3.0% | 10,500 |
| 医療費 | 1.0% | 3,500 |
| 教育費 | 6.0% | 21,000 |
| 交通費 | 1.0% | 3,500 |
| 被服費 | 2.0% | 7,000 |
| 交際費 | 1.0% | 3,500 |
| 娯楽費 | 2.0% | 7,000 |
| こづかい | 10.0% | 35,000 |
| 嗜好品代 | 1.0% | 3,500 |
| その他 | 3.5% | 12,250 |
| 預貯金 | 10.0% | 35,000 |
| 支出計 | 100% | 350,000 |

### 夫婦と小学生以下の子ども１人

| 家計費内訳 | 理想割合 | 理想金額 |
|---|---:|---:|
| 収入(手取り) | 100% | 350,000 |
| 住居費 | 25.0% | 87,500 |
| 食費(外食含む) | 15.0% | 52,500 |
| 水道光熱費 | 5.0% | 17,500 |
| 通信費 | 3.0% | 10,500 |
| 生命保険料 | 5.0% | 17,500 |
| 自動車関連費 | 4.0% | 14,000 |
| 生活日用品費 | 2.0% | 7,000 |
| 医療費 | 1.0% | 3,500 |
| 教育費 | 4.0% | 14,000 |
| 交通費 | 1.0% | 3,500 |
| 被服費 | 2.0% | 7,000 |
| 交際費 | 2.0% | 7,000 |
| 娯楽費 | 2.0% | 7,000 |
| こづかい | 10.0% | 35,000 |
| 嗜好品代 | 1.0% | 3,500 |
| その他 | 3.5% | 12,250 |
| 預貯金 | 14.5% | 50,750 |
| 支出計 | 100% | 350,000 |

※ライフスタイル別「理想の家計バランス」マイエフピー調べ

# 失敗しない家計の仕組み 週分け管理法

せいとんする力　組み立てる力　つづける力

## 月単位で管理するより週単位の方が簡単！

変動費のメインとなるのは、食費と日用品費。この管理を成功させるのにおすすめなのが「週分け管理法」です。

「月４万円で食費と日用品費をやりくりして」と言われて、うまくできる人はそんなにいません。月のはじめに使いすぎてしまったり、給料日前には「支出を抑えなくちゃ」とストレスがたまったりして、支出が安定しないことも。そして次の給料日にボンと大きく使ってしまうなど、反動も起きやすくなります。

そういう人は支出にムラがないように、週単位で管理するようにしましょう。月の予算が４万円なら、週で使えるお金は

1万円に設定します。週予算は、キリのいい金額にするのがおすすめ。予算を決めたら、毎週少し余らせるぐらいの気持ちで使うようにしましょう。週の最終日になったら、余った分は翌週に繰り越さず、別に取り分けます。そして新たに1週間1万円でやりくりするのです。

## 足りなくなったら 翌週の予算から前借り

予想外の支出などで週予算が足りなくなったら、翌週の予算から前借りします。例えば2000円前借りしたら、翌週は2000円減らした予算でやりくりするのです。こうして赤字を短いターンで補えば、大きな赤字を防げます。

## 週分け管理をやってみよう！

このステップで管理すれば失敗なし。無理なく予算内でやりくりできます。

### Step 1 週予算を決める

- 月の食費と日用品費をもとに、以下の計算式で週予算を出します。
- 端数が出たら1000円単位になるように修正し、覚えやすい金額にします。

（ 食費（月予算） 円 ＋ 日用品費（月予算） 円 ）÷4週

＝ 週予算 円

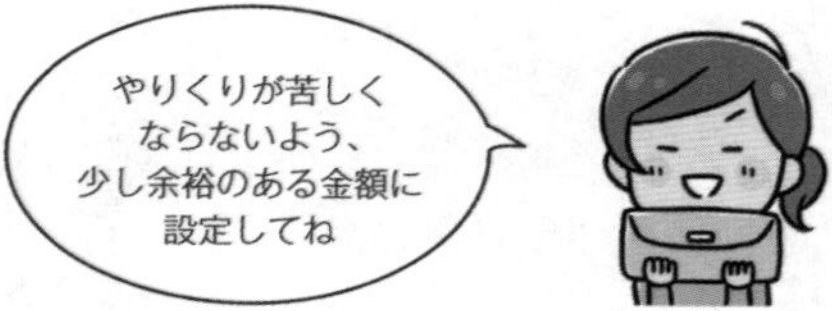
やりくりが苦しく
ならないよう、
少し余裕のある金額に
設定してね

## Step 2 週予算を財布に入れる

週予算
緊急用

- 緊急用の1万円も、目立たないところに入れておきます。

## Step 3 予算内で1週間やりくりする

- カードを使うと残金がわからなくなるので、現金払いを基本に。
- 月曜スタートなら、木曜に残金をチェック。半分以上使っていたら、支出ペースが早すぎるので後半を引き締めて。

財布の中身＝
今週の残り予算になって
予算管理がラクに！

## Step 4 余ったお金を財布から出す

- 最終日に残ったお金は財布から取り出し、翌週は再びステップ2からスタートします。
- 余ったお金は自由に使ってOK。小銭はお菓子などのお楽しみに使うとストレス減に。お札は家族旅行などの資金として貯めていくのもおすすめ。

# 予算オーバーしない買い物術

ちょっとした工夫でムダ買いを減らし、週予算を守ることができます。できることから取り入れ、予算オーバーを防ぎましょう。

## 買い物メモをつくってムダ買いゼロに！

その日に買うものをメモしてから買い物に行きましょう。店頭で余分なものを見なくなり、衝動買いを減らせます。

メモしたものを買うだけ！

特売品も必要がなければ買わないようにしましょう

## 1週間の献立を決め食材のムダをなくす

1週間の献立を決めておくと、効率よく食材を使えるようになります。必要な量もわかり、ムダ買いがなくなります。

月曜
ポトフ
火曜
ロールキャベツ
キャベツ 1玉100円

チラシを見ながら考えるとオトク

## チラシは割引率ではなく、実際の金額でオトクかを考える

チラシは割引率の大きさより、「実際にいくら安くなるか」に注目することが大事。割引後の金額を計算し、本当にオトクかを見極めましょう。

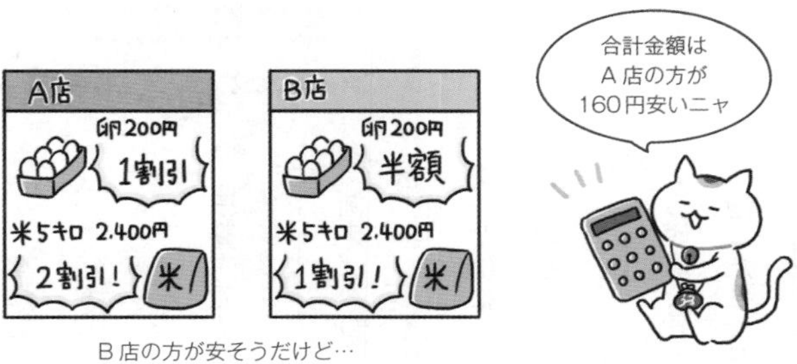
A店
卵200円
1割引
米5キロ 2,400円
2割引!
米
B店
卵200円
半額
米5キロ 2,400円
1割引!
米
合計金額は
A店の方が
160円安いニャ

B店の方が安そうだけど…

## 週に2～3日買わない日をつくる

毎日買い物に行くと、つい余分なものまで買いがち。買い物をする日をしぼり、無買デーをつくることでムダな支出を抑えましょう。

スーパー
今日は買わない日

よかった〜

やりくりのやる気もキープできます

## 月末用の予算で心に余裕を持たせる

月末のピンチを救うため、月末用の5000円を予算に組み、ラスト3日になったら足しましょう。赤字を防ぎ、心の余裕をつくります。

# ゆる家事で お金が貯まる

ぶれない力　工夫する力

## ゆるやかな発想と工夫で ムダな支出を減らす

予算内でやりくりするために大切なのは「柔軟に考えること」です。

例えば、つくろうとしていたレシピには豚肉が必要だけど、冷蔵庫には鶏肉しか入っていない。そんな時、頭が固いと「豚肉を買いに行かなくちゃ」と考えてしまい、お金も時間も使うことになります。しかし、「鶏肉で代用できないかな？」と考えてアレンジできれば、余分な支出がなくなり、持っている食材もムダなく使い切ることができます。

困ったことが起きたら「どうしたらうまくいくかな？」と考え、工夫しましょう。ないものをあるものでまかなうようにすれば柔軟性が身につき、家計のピンチにも強くなれます。

## 「こうしなきゃダメ」をなくすと工夫のアイデアが生まれる

「冷凍食品を使わず、料理は手作りしよう」とするのはいいことですが、それがいきすぎて家事に負担がかかったり、時間がない日は外食になったりすると、心にも家計にもマイナスです。

家族のために行っていることが、支出やストレスのもとになっていたら、一度見直してみましょう。手抜きがイヤなら「アレンジすれば冷凍食品を使ってもいい」など、自分に合うルールにすればＯＫ。心にも家計にも余裕ができます。

## お金が貯まる、ゆる家事のコツ

家事を頑張るのはいいことですが、無理しすぎは禁物。自分に合うラクな方法でストレスを減らせば、余裕を持って家計管理に取り組めます。

### 毎日頑張りすぎない

毎日料理も掃除も完璧に！はストレスのもとに。「月曜の掃除は玄関だけ」など、1日の家事をゆるく決めて負担をなくしましょう。

凝ったレシピでなくても、満足できる食事はつくれます。定番おかずにほっとするという声も。献立を考えるのが苦手な人は、定番おかずをローテーションさせてもOKです。

今日は外でランチ♡
ほどよく手を抜くと節約のやる気もキープできるよ

## ほどよい手抜きをうまく取り入れる

手作りの食事を大事にしていても、「週１回は外食でもいい」など、手抜きをOKとしましょう。心に余裕ができ、ストレスも減ります。

リラックス〜♪

## ゆっくり休めば やりくりの調子も整う

疲れたら、お茶を飲んでのんびりする「ひとり時間」でリセット。ひと息入れることで、やりくりや家事へのやる気も復活します。

映画を見る、ペットと遊ぶなど、好きなものにふれるのもおすすめ。心に余裕ができると、やりくりを頑張るパワーがわいてきます。

# 部屋を片づけると
# お金が貯まるワケ

ぶれない力　せいとんする力

## 部屋を片づけると
## お金の使い方が変わる！

「もの」はお金が形を変えたもの。そのため、ものを大切にできない＝片づけられない人は、自分が何をどれだけ持っているかが把握できず、お金が貯まりにくい傾向にあります。

家計管理に取り組んでもなかなか貯まらないという人は、部屋の片づけをしてみましょう。片づけるうちにどんなものをよく買うのか、自分の買いグセも見えてきます。また、ムダだったものを捨てることで、「今後は絶対にムダを出したくない」と思うようになり、余分なものを買わなくなります。

部屋がキレイになると、心も頭もスッキリし、ストレスによる衝動買いが減らせます。キレイな状態をキープしたいという思いから、物欲が減るという効果も。ムダづかいに悩む人は、部屋を片づけてみましょう。

## 片づけの第一歩は捨てること ルールを決めてものを減らそう

片づけは、多すぎるものを捨てることがスタート。「ものを捨てるのが苦手」「後悔しそうで捨てられない」という人は、捨て方のルールに沿って減らし、今の自分の暮らしに必要なものだけを残すようにしましょう。引き出しなど、スペースが小さなところから始めると失敗せず、できたという達成感が得られ、やる気が続きます。

# ものの捨て方ルール

ルールに従って捨て、自分の生活に必要なものだけを残しましょう。

不要品はどんどん手放しましょう

ルール❶

## 「今使うもの」だけを残す

「いつか使うかも」「まだ使える」というものも、使っていなければゴミと同じ。今使っていないものは、潔く処分しましょう。

捨てにくいと思うものは、欲しい人に譲ったり、寄付したり、リサイクルショップに持っていくのもOK。捨てるよりは気楽に、ものを手放せます。

ルール❷

## 「持っていないと」の思い込みをなくす

「玄関マットは敷くべき」「流しに水切りカゴは必要」などの思い込みが、ものを増やす原因に。自分に必要なものだけを残して。

マット類を敷かないようにすると、掃除もラクになります。

ルール❸

## ものの定量を決め、多い分は捨てる

ものの置く場所と定量を決め、スペースにおさまらないものや定量をオーバーするものは捨てましょう。

最後にいつ使ったかわからないもの、使い道が思い浮かばないもの、タダでもらって使っていないものも潔く捨てましょう。

## 片づけのコツ① リビング・ダイニング

ものを減らして見た目もスッキリさせれば、物欲が減ってムダづかい防止に。

いいお皿だと料理が
おいしく見えます

### 長く愛着が持てるものだけを持つ

自分好みで飽きがこないものだけを持ちましょう。好きなものに囲まれた部屋なら満足度が上がり、むやみにものを買わなくなります。

片づいていると
ムダ買いも減るよ

### テーブルにものを置かない

テーブルの上にものがあると、部屋全体が散らかって見えます。こまめにリセットし、「何も置いていない」状態に。

### 子どもの遊び場をつくる

部屋にマットを敷くなどして、子ども用の遊びスペースをつくりましょう。ものが散らかりにくくなり、片づけもラクに。

## 片づけのコツ② 冷蔵庫

食材は「必要なものだけを買い、新鮮なうちに使い切る」が鉄則。期限切れやムダが出ないよう、冷蔵庫はいつもキレイに。

### 冷蔵庫にあるものが一目でわかる状態に！

冷蔵庫は詰め込みすぎず、中身がすぐわかるよう、7割くらいの量に。庫内に空間があると冷却効率も上がり、電気代の節約にも。

### 野菜室は床が見える量に

野菜室は深さのある場合が多く、下の方に置いた野菜を腐らせがち。野菜室の床が少し見えるくらいの量にしましょう。

### 冷凍品の使い忘れを防ぐ

冷凍したからといって、食品が腐らないわけではありません。月に一度は中身を確認し、古いものから順に使いましょう。

## 片づけのコツ③ 財布

財布の中身がキレイだと所持金がすぐわかり、お金を大事に使うようになります。いらないものはすぐ出すようにしましょう。

### 不要品でいっぱいのブタ財布は家計ダウンに

レシートなどの不要なものが財布にいっぱいだと、所持金がわからず、お金を雑に使いがち。いらないものは出し、スッキリさせて。

### クレジットカードは1枚に

クレジットカードは支払いが後日になるなど、お金の流れをわかりにくくするもとに。お金を貯めるなら1枚がベストです。

### お気に入りの財布を使う

自分の好きな財布を使えば、自然に中身を整えるようになり、お金を丁寧に使おうという意識がアップ。散財も減らせます。

# 第3章

# ゆる貯金をはじめよう

月末
スーパー 1000円
服 1500円
おかし
本 800円 勉強のため
知育おもちゃ 1000円
す…
すごい!!
お金が残った〜!!
ついに黒字に!!
わあっ
よくがんばったニャ
あんなに貯め下手だった私が…
あれ〜??
お金ナイー?
うう…
じゃあ早速貯金ニャ!
行きますニャ〜
貯金
はーいっ
○△銀行
た、貯まった…
まぶしすぎるっ
フフフ…
ゆるくてもちゃんとやれば貯められるのニャ
ATM
えへへ〜♡

家計も安定してきたし
そろそろ
先取り貯金を
始めるニャ
んふふ
お給料が入った時に
一定額を貯める方法ニャ
給料
貯金
生活費
❶貯める
❷残りで
やりくり
こうすれば確実に貯められるし
残りのお金で1ヵ月やりくり
すればいいから気楽ニャ
……
どうしたニャ?
先取り…前に
やったけど
うまく
いかなくて…
生活費が
足りなくなって
ついおろし
ちゃった…
今月ピンチ～～
先取り貯金
先取り貯金も
無理な額だと失敗
することがあるニャ
フムフム…
でも、もうゆる家計簿もできて
無理せず貯められる額も
わかってきたニャ?
ぎゅ…
確かに…今度こそ
うまくいくかな
ゆる貯め家計は
無理しない!
自分のできる額から
貯金して自信を
つけていくニャ
おお―!!

ところで、銀行の口座はいくつ持ってるのニャ？
えーっと
4つ…5つ…？
手数料が安かったり子どもの教育費用とかで分けてるけど…
でもあれこれ移動させててぐちゃぐちゃに…
うまく管理できてないニャ
お金上手はお金の流れもシンプル！
せいとんするカニャ
まず、基本の口座は2つあると便利ニャ
使う口座
給与振り込みや普段の生活の支払いに使う
貯める口座
貯金に使う
こうすると貯金をいつの間にか使っていた！という状態を防げるニャ
生活費と混ざらないから貯金額もすぐわかるね
口座は管理できる数にしぼって目的を分けるのが鉄則ニャ！
にゃ〜
福にゃ〜ん♡
あそぶにゃ〜
バッ
恋愛も管理が大事ニャ!!
モテるのね…

後日
CAFE
OPEN
はぁ～…
どうしたの？
昨日、ダンナにお金のこと相談したんだけど…
お前にまかせるよって……
そういえば…
夫婦の風通しがいい家は貯める力が倍増ニャ
うちももう少し相談してみようかな…
大丈夫だよ～
夜
ねぇねぇ
先取り貯金しようと思ってて…
どこがいいかな？
○△銀行
会社に財形あるかも
詳しく聞いてきて～
○△銀行
□□銀行
夫婦管理で貯め力アップニャ

# 先取り貯金でスムーズに貯まる

せいとんする力　つづける力

## 貯められない人こそストレスフリーの先取り貯金を

家計が安定してきたら、次は本格的にお金を貯めましょう。

「給料日まで残ったお金を貯金しよう」とすると、使いすぎて結局貯められなかったり、常に「貯めなきゃ」ということを意識してしまい、やりくりにストレスを感じてしまいます。

そこでおすすめなのが、無理をしなくても貯まる「先取り貯金」です。これは給料が入った時に一定額を別の口座に移す方法で、続ければ確実に貯めることができます。先に貯金をしてしまうので、「貯金できるようムダづかいを抑えなきゃ」と考えずに済み、家計管理がラクになる効果もあります。

## 自分に合った預け先で確実に貯める

先取り貯金の代表格は「自動積立定期預金」。毎月決まった日に決まった金額を積み立てるもので、誰でも気軽に始められます。一度手続きをすれば、自動的にお金を貯められるのが魅力。給与振り込みに利用している銀行で開設すると、振り込み手数料もかからず便利です。

また、自分や家族の勤務先に社内預金や財形貯蓄制度があれば、これを利用して給与天引きでお金を貯めることもできます。一般の預金に比べ、金利や税金の面で有利なのが魅力。1年間は払い戻しできないなど、解約に縛りや条件があるので気をつけましょう。

## 先取り貯金、どこに預ける？

先取り貯金には、色々な方法があります。それぞれの特徴を知り、自分に合うものを選びましょう。

### 銀行・ゆうちょなどの定期預金に積み立て

給与口座から積立預金口座に、毎月一定額を振り替える仕組み。積み立て日は給料日の直後に設定するのがおすすめです。

金融機関によっては、ボーナス月などに積み立て額を増やしたり、ATM から追加で預け入れすることができます。

## 会社の貯蓄制度を利用

勤務先の社内預金や財形貯蓄などに、給与天引きで貯められます。ただし、引き出しに条件があったりするので注意。

財形貯蓄には、使い道が自由な一般財形貯蓄、住宅費用の財形住宅貯蓄、老後資金用の財形年金貯蓄があり、財形住宅貯蓄・財形年金貯蓄は合算して550万円まで非課税になります。

## 余裕資金ができたら投資信託の自動積み立てに

余裕ができたら、先取り貯金の一部を投信で積み立てるのも◎。ネット証券では月々100円から始められる積立投資信託もあります。

# ラク〜に貯まる 賢い口座の使い方

せいとんする力　組み立てる力　つづける力

## 目的別に口座を分けて お金の流れをスッキリ！

1つの口座に生活費も貯金も入れていたり、複数の口座に預金が入っていると、貯金額がいくらかわからず、貯める意欲もわきにくくなります。

口座は目的をハッキリさせ、管理できる数にしぼりましょう。おすすめは、次の2つの口座を持つことです。

①使う口座
②貯める口座

「使う口座」は生活費専用。住居費や光熱費などの引き落としはもちろん、食費や日用品費などもここから出します。
「貯める口座」は貯金専用で、生活費のための引き落としには使わないようにしましょう。この口座には、手取りの6ヵ月分を貯めます。6ヵ月分というのは、病気や事故、リストラなど、いざという時もこれで生活を立て直せるだろうという目安の額。生活防衛資金の口座と考えましょう。

## 貯金ができたら「増やす口座」で投資に挑戦

貯める口座に手取りの6ヵ月分が貯まったら、次は「増やす口座」をつくり、お金を入れていきましょう。この口座のお金は投資信託などに使うので、証券会社につくるのがおすすめです。

## 目的別口座の選び方

自分に合う金融機関を探して、目的別口座をつくりましょう。

### 口座開設のチェックポイント！

口座の目的に合わせ、使い勝手のいいところを選びましょう。

**使う口座**

普段使いの口座なので、家の近くにATMがあるところを選ぶのがポイント。「時間外でも出金手数料が無料」などのサービスがあると便利！

**貯める口座**

給与から先取り貯金をする際、手数料がかからない銀行がおすすめ。金利にも注目し、利率のいいところを選びましょう。

メガバンクの金利の10倍、
20倍も当たり前です

## 金利のいいネット銀行を有利に使う

金利がいいネット銀行は、貯める口座に使うと◎。ATMの手数料や他行への振込手数料などがオトクなら、使う口座にしてもいいでしょう。

「au じぶん銀行」なら、三菱 UFJ 銀行のインターネットバンキングとの相互振込手数料が無料。三菱 UFJ 銀行が給与口座なら、貯める口座におすすめ！



ほったらかしで
貯まるから便利ニャ〜

## ネット銀行の自動入金機能でラク貯め

ネット銀行には、自分名義の他行から自動入金ができるサービスもあります。ATM に行かなくてもお金を移動でき、確実に貯められます。

住信 SBI ネット銀行、ソニー銀行、イオン銀行、ジャパンネット銀行など、多くの銀行でサービスを利用できます。

## 目的別口座でしっかり貯める －初級編－

初心者は２つの口座を活用！ 手取りを「使う口座」と「貯める口座」に分けて入れ、お金の流れをスッキリさせましょう。

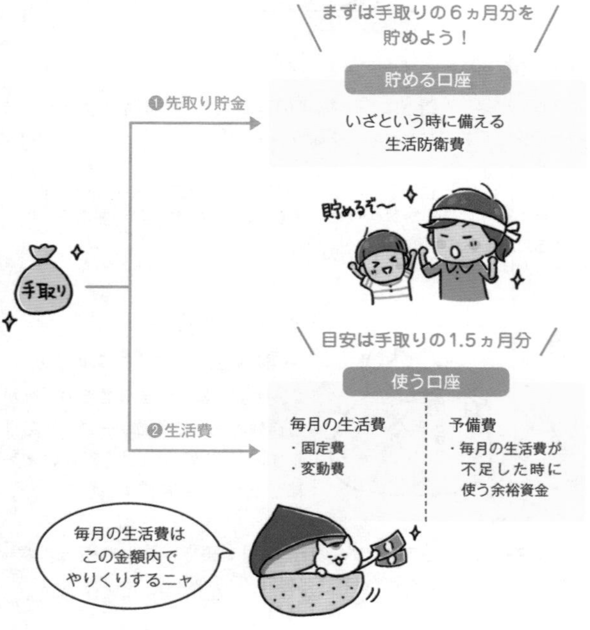
まずは手取りの６ヵ月分を貯めよう！
貯める口座
❶先取り貯金
いざという時に備える生活防衛費
貯めるぞ〜
手取り
目安は手取りの1.5ヵ月分
使う口座
❷生活費
毎月の生活費
・固定費
・変動費
予備費
・毎月の生活費が不足した時に使う余裕資金
毎月の生活費はこの金額内でやりくりするニャ

# 目的別口座でしっかり貯める －上級編－

生活防衛費（手取りの6ヵ月分）が貯まったら、「増やす口座」を開設。使う･貯める口座も目的別に分けると、さらに便利に。

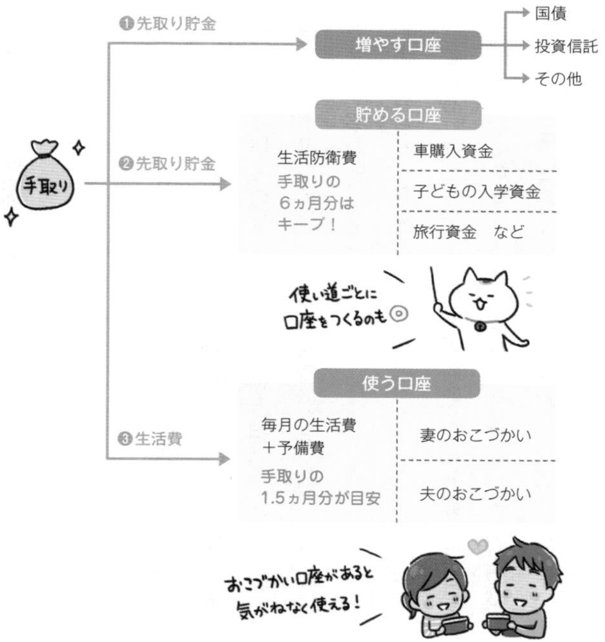

手取り
❶先取り貯金
増やす口座
国債
投資信託
その他
❷先取り貯金
貯める口座
生活防衛費
手取りの
6ヵ月分は
キープ！
車購入資金
子どもの入学資金
旅行資金　など
使い道ごとに
口座をつくるのも◎
❸生活費
使う口座
毎月の生活費
＋予備費
手取りの
1.5ヵ月分が目安
妻のおこづかい
夫のおこづかい
おこづかい口座があると
気がねなく使える！

# 夫婦で家計を管理すれば貯まる！

せいとんする力　工夫する力　つづける力

## 夫婦別家計は管理しづらく貯金に不向き

お金が貯まらないという家庭に多いのが、「夫婦別家計」。子どものいない共働き夫婦（DINKS）に多く、「夫は家賃、妻は食費」のように生活費の支払いを費目別に担当したり、「夫7割、妻3割」で出し合ったお金を生活費にあて、残りのお金は各自で管理するというもの。

夫も妻もきちんとお金を貯めていれば、あえて家計を1つにする必要はありませんが、実はどちらも貯めていなかったという状況になっていたら大変です。また、お互いの貯金額がわからなければ、将来のプランも立てにくく、貯金への意欲も下がってしまいます。

## お金が貯まるのは、夫婦で1つの家計

貯め力をアップしたいなら、夫婦で1つの家計を管理するのがおすすめ。家計が1つになることで日々のやりくりもしやすくなり、ムダな出費を抑え、計画的に貯金することができます。また、貯められる家庭は風通しがよく、お金の使い方や貯金について常に話し合っています。家計を1つにすることで、貯め力も夫婦の仲もよくなるのです。

夫婦別家計を長く続けていると、1つにするタイミングが難しいところ。お金がたくさん必要になる「子どもの誕生」や「住宅購入」などをきっかけに、家計を1つにまとめましょう。

# 夫を家計に協力させるコツ

「指示されるのはイヤ」というタイプの男性には、家計を見える化したり、ライフプランを立ててもらって「自ら関心を持った」と思わせるのが効果的です。

トイレに家計簿を置いておいたり、リビングに予算表を貼るのも効果的

## 家計状況は具体的な数字でアピールする

男性は数字を理解するのが得意。家計簿を目につくところに置くなどして毎月の収支を数字で見せ、関心を引きましょう。

「家計が大変なの」と感情だけで訴えても、夫は困ってしまいます。男性は計画を立てるのが得意なので、家計を数値化して具体的に相談したり、貯める計画を一緒に立てるのがおすすめ。

## 夫にライフプランを立ててもらう

ライフプラン（→ P174〜）を立ててもらうと、子どもの養育費や老後の蓄えにいくら必要なのかが自覚でき、貯金にも協力的に。

計算も夫にしてもらうのがポイント。実感がわきやすくなり、お金に対する意識が変わります。

夫婦で納得して買ったものは
満足度も高くなります

## 欲しいものは「プレゼン」で協議する

夫婦それぞれに欲しいものがある場合は、欲しい理由やメリットをプレゼン。２人とも買っていいと思ったものだけを購入します。

12月
みてみて〜
貯まってるよ
いい調子
だね
そういえば帰省の
切符買った?
しまった!!
いくらかな…
あと、2月に
部下の結婚式が…
えーっ
聞いてないよー
つるっ
あー
わー!!
オレの
スマホが!!
ばしゃ〜
最新モデル
なのに…
うっうっ…
買い替え
なきゃ…
ありがとう
ございました
OXPHONE
せっかく順調
だったのに…
予想外の出費が…
まぁ
しかたないよ
ほら、こたつ入ろ

年末年始はどの家でも出費がかさむニャ
ビクッ
わっ!
にゅるん
いつからそこに?
冬のおこもりニャ
それよりこのピンチどうすればいいの〜?
わーん
大型出費や予想外の出費には前もって備えておくニャ
どうやって?
まずは1年の出費予定をつかむのニャ
みかんアート
ここに来年の予定を書き込むのニャ
ば——ん
20XX年の予定
1月 2月 3月 4月
7月 8月 9月 10月
おぉ——
来年のイベントは何があるニャ?
4月にりくの入園と…
秋ぐらいに車検かな
うさぎ

じゃあ3月に入園の準備ができるよう、2月までに貯める必要があるニャ
4月
入園
3月
準備
2月
貯金
年始で浮かれてバーゲンに行くと大変ニャ〜
そ、そうかも…
行く気だった
前もって予定がわかっていれば準備できるニャ
他にも書いてみるニャ
9月に車検で…
母の日や父の日ギフトも
家族の誕生日を書くのも大事ニャ
できた〜
我が家の来年の予定!!
4
5
6
入園
母の日
父の日
10
11
12
クリスマス
1年の予定や家族行事を書くと、何月にいくら必要かが見えてくるニャ
20XX年の予定
1月
正月帰省
2月
部下の結婚式
3月
7月
8月
父の誕生日
9月
車検
いつまでにいくら準備すればいいかがわかってお金の使い方も変わるニャ
これが組み立てる力ニャ

予想外のことに備えるお金も準備しておくと安心ニャ
例えば？
突然のトラブルや家電の故障、知り合いへのお祝いなど予定外の出費に使うお金ニャ
家電の故障
家具の破損
お祝い
これがあれば家計の赤字も防げるニャ
へぇ～やってみよ！
あのさ…オレも晩酌減らそうかなって
え？
この子の入園もあるなら少しでも準備したいし…
おみかんどーぞ
ありがと～
じ～ん
家族の協力で貯め力アップニャ
正月
かなこの実家
お姉ちゃんもセール行く？
私はいいや～
入園の時にかっこいい服を着せてあげるからね！
ね～

かなこ
なんだか
変わったねぇ
はい、おもち
母さん
ありがと〜
は〜
この子の教育費もあるし
お金のこと見直してるの
よいしょ
そうそう、掃除してたら
懐かしいものが出てきたよ
ALBUM
わ〜 なつかし〜
子どもの頃
よく旅行したわね
ふふ
父さん
かなこたちが
生まれてから
変わったのよ
え？
2人に色んな経験を
させてあげたいって…
年1回は家族旅行するって決めて
自分のおこづかいを貯めてたの

父さん、家族で過ごす時間を大事にしたかったから貯金も楽しかったみたいよ
ただいま
うまいもん買ってきたー
ぞー
まー
豪華ねえ
くりん
お父さんはお金上手ニャ
わっ!!
もちにゃん!?
満足できるお金の使い方は人それぞれ
旅行
グルメ
家族との時間
だから自分の〝好き〟や〝幸せ〟を見つけてそこにお金を使うのが大事ニャ
のびるニャ〜
私もそうなりたいな
お父さん奮発したね〜
みんなで集まったしなー
幸せなお金の使い方ニャ

ゆる貯金

# 目標を立てて貯め力をアップ

ぶれない力　組み立てる力

## 具体的な目標ができるとどんどん貯まる

先取り貯金や口座の使い分けで貯める習慣が身についてきたら、少し先を見すえた貯金プランを立ててみましょう。

貯金するのにあたって大切なのは、「貯めたら○○する」といった目標を立てること。「将来のために」などといった漠然とした目標より、「6万円貯めたら、ゴールデンウィークに家族で旅行に行くぞ！」「子どもの入学式にかっこいい服を着せてあげたい」など、具体的な目標があると、日々のやりくりや節約にも励みが出て確実に貯まります。ノートに「お金を貯めてしたいこと」を書き出し、プランを立ててみましょう。

## 1年未満で達成できる小さな目標を立てよう

目標がある方が励みになるとはいえ、今まで貯金0円だった人が、いきなり「3000万円貯めて家を建てる！」といった大きな目標を立てると、ハードルが高すぎて挫折のもとに。まずは1年未満で達成できる、小さな目標から始めましょう。5万円貯めてハンディカメラを買ったら、次は7万円貯めて家族で一泊旅行に行くなど、小さなゴールをつくり、達成感を覚えながら進むのがコツです。

小さな成功体験を積んでいくうちに、子どもの教育費や住宅購入費、老後資金など、大きなお金も貯められるようになります。

## 貯める目標を書き出してみよう

お金を貯めてしたいことを、ノートに書き出してみましょう。かなえるのにいくら必要で、いつまでに実現したいかなどを具体化すると、お金が貯まっていきます。

### 書き方のポイント

「目標」「金額（目標を実現するのに必要な額）」「誰のため」「いつまでに」を書きます。一通り目標が出たら、「優先度（Aが高く、Cが低い）」をつけていきましょう。

優先度のつけ方は人それぞれ。「目標金額が低いものからチャレンジしたい」「家族みんなが幸せになるものを優先したい」など、自分や家族の希望をもとに優先度をつけていきましょう。

| 目標 | 金額 | 誰のため | いつまでに | 優先度<br>（A～C） |
|---|---|---|---|---|
| 車が欲しい | 150万円 | 夫 | 1年以内 | C |
| パソコンを<br>新しくしたい | 15万円 | 夫 | 半年以内 | B |
| ロボット掃除機が<br>欲しい | 4万円 | 自分 | 4ヵ月以内 | A |
| 子どもをスイミング<br>に通わせたい | 5000円<br>×12ヵ月 | 子ども | 3ヵ月以内 | B |
| 家族旅行 | 10万円 | 全員 | 半年以内 | A |
| | | | | |
| | | | | |
| | | | | |
| | | | | |
| | | | | |
| | | | | |

# 年間の出費予定を立てて予算オーバーを防ぐ

せいとんする力　組み立てる力　工夫する力

## 季節の行事や税金など年間の支出を把握する

しっかりとした目標や予算を立てても、実際に貯金を始めると、思わぬことでつまずくもの。その原因の1つが、季節の行事や各種税金などの「特別支出」で予算が崩れてしまうことです。

住居費や光熱費、食費など、毎月の生活費の予算をしっかり立てていても、特別支出によってお金が足りなくなれば、先取り貯金の口座を崩すことになりかねません。そうするとせっかくの貯金ペースが崩れ、挫折しがちに。

そういった事態を防ぐためにも、「使う口座」には1ヵ月半分の手取りを入れておきましょう（→130ページ）。ただし12月や1月など出費の多い月は、それでも足りなくなる可能性があります。事前に予測できる特別支出の内容と時期、予想金額を書き出し、あらかじめ「使う口座」にプールしておくと安心です。

## ボーナスは生活費のあてにしない

「予想外の出費はボーナスで補えばいい」と考える人もいるでしょう。しかし、ボーナスをあてにしていると、不況などで急に支給がなくなった場合、家計がまわらなくなる恐れも。ボーナスは支給される前から予算に組み込まず、もらってから使い道を考える方が安全です。

## 気をつけたい特別支出

特別支出は意外と多いもの。以下を参考に、今後発生しそうな特別支出を考えてみましょう。

子どもの入学、卒業祝いなども準備を

### 季節の行事や家族イベント

お正月やバレンタイン、ひな祭りなどの季節行事や家族の誕生日など、イベントがある時期を確認して予算を立てましょう。

連休が多い年は、レジャー費が増えることも。連休がどのくらいあるかを確認しておくと、計画を立てるのに役立ちます。

1年分
受信料など、
年払いがオトクなものは
一括で払おう

## 車や住居の税金、年払いの保険料など

自家用車があれば、自動車税や車検の費用、持ち家なら固定資産税が必要に。年払いの保険料やNHK受信料なども年間予算に入れて。

同時に
壊れた!?

## 冠婚葬祭や家電・家具の買い替え

結婚式のお祝いや香典、家電や家具の買い替えなど、予想外の出費があってもあわてないよう、予算を多めに組んでおくと安心です。

家電の寿命は7～10年程度。同じ年に購入していると、壊れる時期が重なりやすく、買い替え費用も多額に。長期プランで買い替え費用を貯めておくと安心です。

# 1年の特別支出予定は？

季節の行事やイベント、税金や保険料の支払いなどの予定を書き出し、年間の特別支出がいくらになるかを計算してみましょう。

**特別支出の例**　固定資産税・住民税・自動車税・車検代・年払いの保険料・NHKの受信料・賃貸住宅の更新料・冠婚葬祭費・家族の誕生日・記念日・季節の行事・学校行事　など

| 4月 | 5月 | 6月 |
|---|---|---|
| 入学・進学　円<br>歓迎会　円 | 母の日　円<br>GWレジャー　円 | 父の日　円 |
| 合計　円 | 合計　円 | 合計　円 |
| **10月** | **11月** | **12月** |
| ハロウィン　円 | 七五三　円<br>お歳暮　円 | クリスマス　円<br>帰省　円 |
| 合計　円 | 合計　円 | 合計　円 |

＿＿＿＿年1～12月までの特別支出は　合計　円

## 特別支出は多めに準備しよう

特別支出の費用を準備するには「支出の合計額を12で割って、毎月積み立てる」「ボーナスをあてる」などの方法があります。予定外の冠婚葬祭や家電の買い替えなどに備え、多めに準備すると安心です。

| 1月 | 2月 | 3月 |
|---|---|---|
| お年玉 円<br>新年会 円 | バレンタイン 円 | ひな祭り 円<br>送別会 円 |
| 合計 円 | 合計 円 | 合計 円 |
| 7月 | 8月 | 9月 |
| お中元 円<br>夏休みレジャー 円 | お盆・帰省 円<br>夏休みレジャー 円 | 敬老の日 円<br>秋のレジャー 円 |
| 合計 円 | 合計 円 | 合計 円 |

# オトクな貯め方＆買い方のコツ

旅行や母の日、お中元など、年間の支出予定が立っていると、百貨店や旅行会社のオトクな積み立てやサービスが利用できます。

## 百貨店友の会に積み立てて1ヵ月分オトク

百貨店の積み立てサービスで、毎月一定額を積み立てていくと、1年後の満期に積み立て額の1ヵ月分が上乗せされます。

積み立て
百貨店
サービス額が加算されたプリペイドカードや商品券がもらえる！

例 百貨店友の会の場合、毎月1万円×1年間（12回積み立て）で13万円に（預け入れ総額12万円＋サービス額1万円、年利換算8.3%）

積み立ての特典は魅力的ですが、それにつられてムダ消費をしないことが大切。自分の支出予定を踏まえて、本当にオトクかを確認してから積み立てましょう。

ネット申し込みができるところも多く、便利
お中元早割

## お中元・お歳暮の早割で10％オフ

百貨店やスーパーの、お中元・お歳暮の早期割引のサービスを利用するとオトク。スーパーではおおむね10％オフで購入できます。

母の日や父の日、敬老の日などのギフトにも早期割引があります。10％オフや送料無料などの特典を賢く使いましょう。

## 旅行積み立てでオトク旅！

旅行会社や航空会社にも積み立てサービスがあり、満期時にサービス額（元本のおおむね２％前後）が上乗せされます。

ちんすこう
トクした分で
おみやげを買おう

例 JTB 旅行積立「毎月払いコース」の場合、毎月 1 万円× 1 年間（12 回積み立て）で 12 万 1137 円に（預け入れ総額 12 万円＋サービス額 1137 円、年利換算 1.75%）

予定が決まったら
早めに予約を♪

## ネット予約で新幹線が安くなる！

東海道・山陽新幹線の「スマートEX」の「EX 早特 21」で予約すると、一部ののぞみが 20 〜30％オフの料金で乗れます。

「エクスプレス予約」なら、1 年中いつでも東海道・山陽新幹線に安く乗れます。

## 早期予約＆キャンペーンで激安！飛行機旅

格安航空会社（総称 LCC）の早期予約で、航空券が安く買えます。SNS やメルマガで発表されるキャンペーンもまめにチェック！

台湾に片道４０００円で
行けることも！

繁忙期だと通常の航空会社より高くなることがあるので注意しましょう。

## 教えて！横山先生②

Q

貯めようと思っても
なかなか続かなくて…

A

### ご褒美や家族会議でモチベーションをキープ

お金のことは親や友達にも話しにくいもの。家計管理や貯金をしようと思っても、見てくれる人がいないからとついさぼってしまったり、途中でやめてしまったり……。そういう人はよくいます。家計管理や貯金へのやる気を維持するには、「目標を持つ」「ご褒美を設定する」などが効果的。達成への意欲がわき、貯金を続ける力になります。また「FPなど、信頼できる人に見てもらう」のもおすすめ。私のところにも定期的に家計診断を受け、モチベーションを維持している人がいます。ちなみに我が家では家族全員で月に一度、マネー会議を開いています。お金について話し合うことで、自分のお金の使い方を見直し、やる気をキープしています。みなさんも自分なりの方法でやる気を維持しましょう。

# 第4章
# 人生のお金を貯めよう

春のご入園フェア
わ〜似合う!
かっこいい〜!
入園楽しみだね
ん?
〇〇保険
何してるの?
あ
お姉ちゃん!
実は私…付き合ってる彼とそろそろ結婚かなって
エヘ
え? そうなの!?
それで彼がね…
君の身に何かあったら…
そんなに私のことを…
だから保険に入ろうと思って!
手厚いやつに!!
ババーン
保険
彼が入るんじゃなくて?
かといって意味のない保障をつけちゃダメニャ
このぐらいで十分ニャよ
保険
保険
え?

意味のない保障をつけて高額な保険料を払うのはムダニャ
独身に高額な死亡保障とか、あまり意味ないニャ
いっぱい払っても…
何に使うの?
保障
……
あと、お祝い金やボーナスに踊らされちゃダメニャよ
ビシッ
お祝い
ボーナス
でも…
なんかオトクな気が…
お祝い
一見オトクに見えてもその分保険料が高くなってることもあるニャ
そのお祝い金も、もとは自分が払った保険料ニャ
ノンノン
本当にオトクかはちゃんと計算して確認すること!
自分で選ぶぶれない力が大事ニャ
気をつけるわ!
保険は家の次に高い買い物って言うしね~
ちゃんと計算しないと!!
保険
そして入ったら終わりじゃなく定期的な見直しも必要ニャ
家族構成が変わったのに前と同じ保険に入りっぱなしじゃ
意味なし
ぎくっ
5年前に加入
保険
フッ…


ゆる人生

保険
ライフステージに合わせてこんな保障を持つと安心ニャ
結婚
夫婦の死亡保障・医療保障
独身
ケガや病気に備える医療保障
子どもの独立
夫婦の死亡保障を減らしてもOK
出産
夫婦の死亡保障・医療保障など
保障を手厚くしたい時期！
どの保険に入るかの判断ポイントは3つ
保険選びのチェック項目
❶ 結婚してる？
❷ 独立前の子どもがいる？
❸ 共働き？
へぇ〜
小さな子どもがいる場合働いてるのが夫のみか夫婦かで必要な保障額も変わるニャ

※公的保障には、遺族年金や高額療養費制度（→ P192）などがあります。また、会社員の場合は、企業から死亡退職金などが保障されることも。

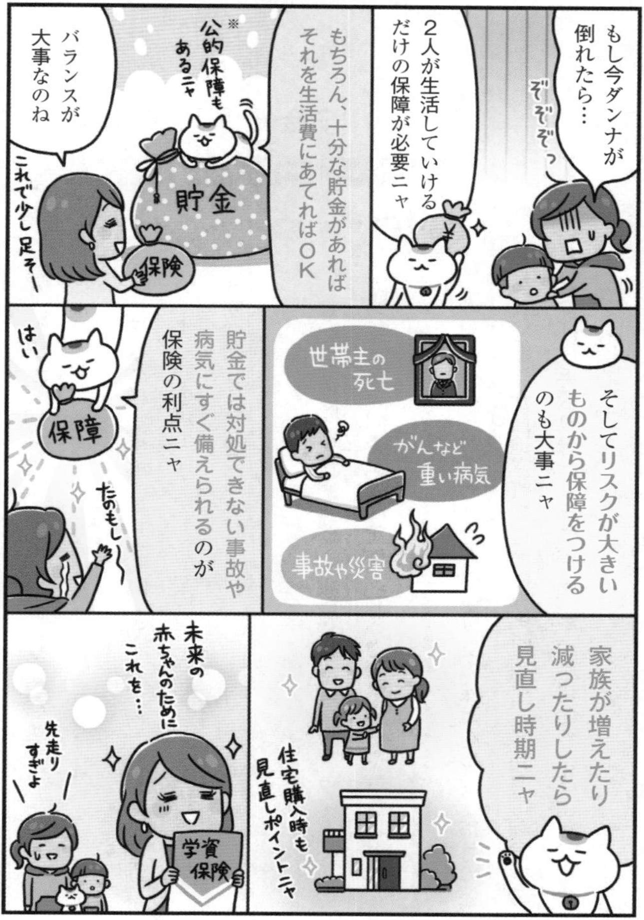


ゆる人生

# もしもの時は 貯金と保険で準備

ぶれない力　せいとんする力　組み立てる力

## 貯金がない人こそ保険が頼りになる

病気やケガ、事故、死亡など、「もしもの時」に備えるのが保険です。貯金が少なく、「もしもの時」が起こったら困る人ほど、保険が頼りになるでしょう。

しかし、保険は種類も多く、家族構成やライフスタイルによって必要な保障内容・保障額は変わるもの。自分や家族にどんな保障が必要かを知り、それに合う保険に入ることが大切です。

また、不安だからといって必要以上の保障をつけ、毎月の保険料で家計が圧迫されては意味がありません。毎月の保険料の目安は、手取りの5~8%程度。その中におさまるよう、工夫しましょう。

## 公的保険などで足りない分を民間保険で補う

保険を選ぶ時は、公的保険の確認から始めましょう。ケガや病気の時には、健康保険や高額療養費制度（➡192ページ）で医療費の自己負担額を減らすことができます。家族が死亡したり、障害状態になった時には、遺族年金や障害年金を受け取れます。また、会社勤めであれば、死亡退職金や弔慰金などの企業保障が受けられる場合もあるでしょう。

公的保険や企業保障でどのくらいの保障が得られるかを確認し、足りない分を民間の保険で補うようにしましょう。十分な貯金がある人は、それをもしもの時に使ってもＯＫです。

## 保険のことをもっと知ろう！

保険の特徴と種類を知り、自分に必要なものを探しましょう。

### すぐ保障がつくのが保険のメリット

保険に入って保障が開始されると、いざという時に必要な保障額をすぐ受け取れます。貯金がなくても病気などに備えられるのが、保険の利点です。

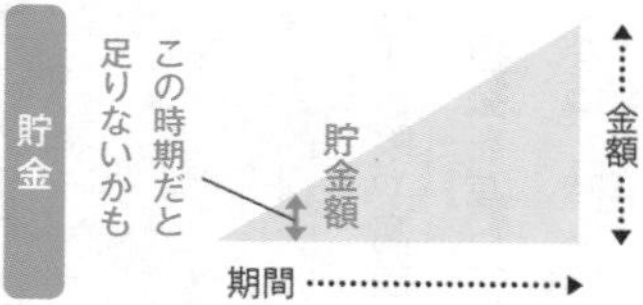


貯金開始後すぐに病気やケガをしたら、医療費が払えないことも…

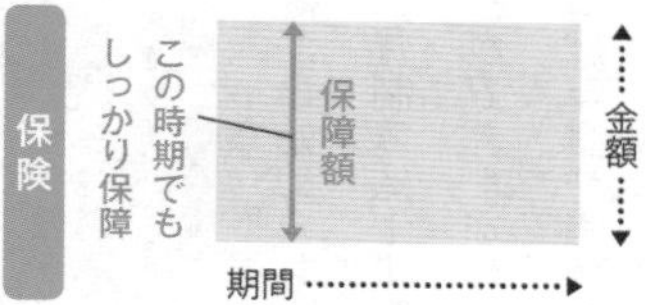


いつ病気やケガをしても、一定の保障額を受け取れる

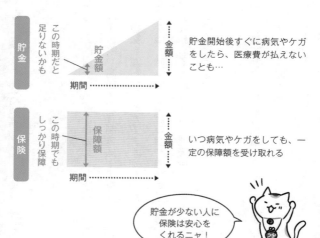

## 保険の種類と内容

保険は保障内容に応じて、以下の３つの分野に分かれます。

| 保険 | 保障内容 |
| --- | --- |
| 残された家族を守る<br>**生命保険** | 被保険者の死後などに、保険金を受け取れる保険。残された遺族の生活費や子どもの教育費などを補います。<br>例 定期保険、終身保険、収入保障保険、学資保険 など |
| 病気やケガに備える<br>**医療保険** | 病気やケガで入院・手術などをした時の医療費を保障。治療による欠勤などで生じた収入ダウンを補うことも。<br>例 医療保険、がんや三大疾病の保険、先進医療などの医療特約 など |
| ものや人を<br>傷つけた時に<br>**損害保険** | 交通事故の被害や、災害による住居の損失、盗難などを補償します。ものを壊してしまったり、人をケガさせてしまった時にも役立ちます。<br>例 火災保険、地震保険、個人賠償責任保険、自動車保険 など |

# こんな時にはこの保険

人生の万が一に備えるのが保険。どんな時にどの保険が役立つのかを知り、それらの保険の特徴と、選ぶ時のポイントをチェックしましょう。

保障額の目安は
入院日額５０００円程度

## 病気やケガで入院することに

### 医療保険

病気やケガなどに備える保険。掛け捨てタイプで、必要な保障だけを確保するのがおすすめ。がんや三大疾病のみに備えるのも◎。

最近は入院日数が減っていて、入院４～５日目から保障されるものだと給付金が受け取れないことも。日帰りや入院１日目からでも受け取れるか確認を。

## 子どもが小さいのに稼ぎ頭が死亡

### 収入保障保険

被保険者が死亡した場合などに、一括もしくは月々に分割して給付金が受け取れます。掛け捨てで保険料が安めなのが特徴です。

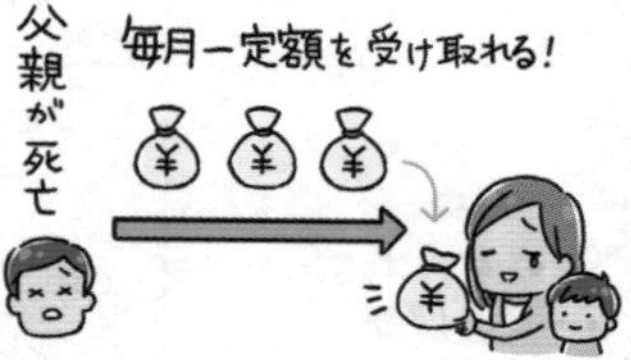


死亡保障額が「毎月の生活費×0.8×12ヵ月×下の子どもが22～23歳になるまでの年数（例：３歳なら19～20年）」を満たすものに入りましょう。

加入者だけでなく家族も補償の対象に

子どもが隣の家のものを壊した

## 個人賠償責任保険

人のものを壊したり、ケガをさせた時などの損害を補償します。加入済みの火災保険や自動車保険の特約として入るのがオトク。

多くの火災保険や自動車保険には、人やものに対して損害を与えてしまった時に補償する「個人賠償責任特約」がついています。保険料は年間数百円と格安！

老後資金や葬儀代、相続税の蓄えに

## 終身保険

一生涯の死亡保障がある生命保険。掛け金は高めですが、貯蓄性があるのが特徴。解約返戻金を老後資金として利用することも。

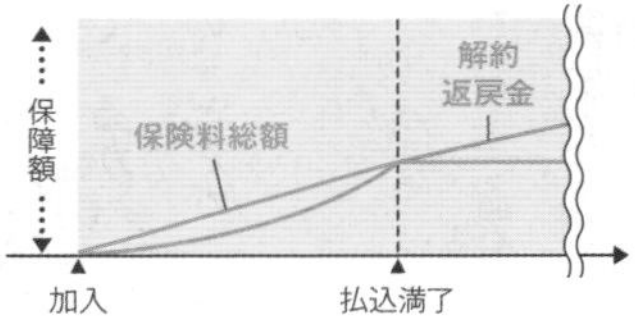


解約返戻金は年々上昇し、支払った保険料総額を上回る場合もあります

教育費対策にピッタリ

## 学資保険

教育資金のための貯蓄型保険。保険会社によっては、満期金（返戻金）が払込保険料の105％以上になるものも。

学資保険には、契約中に保険契約者の親が死亡した場合、それ以降の保険料の支払いが免除され、満期になると満期金が受け取れるという特徴があります。

# ライフステージで必要な保険が変わる

ぶれない力　せいとんする力　組み立てる力

## どんな場面でお金に困るかを考えて選ぶ

これまで見てきたように、保険には様々な種類がありますが、その中から自分に合うものを探すのは難しいもの。ここでは自分に合う保険の選び方を紹介します。まず、次の3つのポイントを確認しましょう。

①結婚しているか
②独立前の子どもがいるか
③共働きか

これらをもとに、自分に必要な保険が何かを168ページでチェックしましょう。

次に、公的保険でもらえるお金と、今の貯金額を調べ、事故や病気、死亡などに使えるお金がどのくらいあるかを確認します。その上で不足する分を補う保険・保障額を探せば、必要な保障のみをつけることができるでしょう。

## ライフステージが変わったら保険を見直す

結婚した、子どもが生まれた、家を買った…というように、ライフステージが変われば、もしもの時に必要な金額も変わります。ムダな保険料を払わないためにも、自分のライフステージが変わったら必ず保険を見直しましょう。また、保険は時代やニーズに合わせた新商品も出るので、4～5年ごとに見直すのもおすすめです。

# 備えておきたい保険はどれ？

以下の質問に答えて、自分にピッタリの保険を見つけましょう。

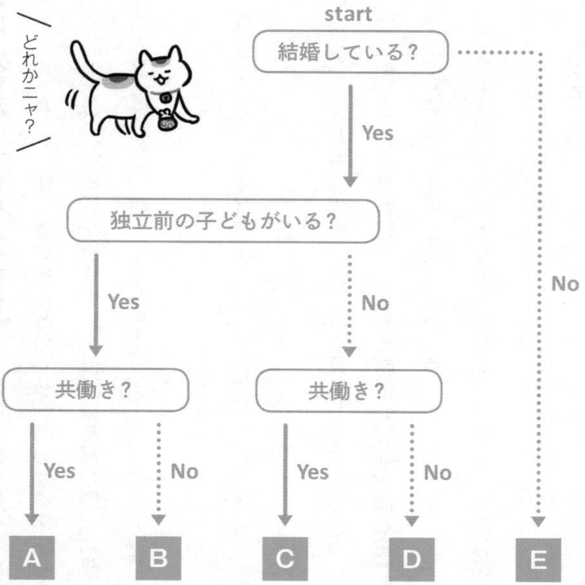

どれかニャ？
start
結婚している？
Yes
No
独立前の子どもがいる？
Yes
No
共働き？
共働き？
Yes
No
Yes
No
A
B
C
D
E

## タイプ別・必要な保険とポイント

**A**

● 生命保険　● 医療保険

》》夫・妻で、それぞれの収入に見合った死亡・医療保障をつけるようにしましょう。

**B**

● 生命保険　● 医療保険

》》残された家族が困らないよう、夫の死亡・医療保障は手厚くしておくのがおすすめです。

**C**

● 生命保険　● 医療保険

》》夫婦それぞれが独立できるだけの収入があれば、医療保障重視の内容でOKです。

**D**

● 生命保険　● 医療保険

》》残された家族の生活を考え、夫の死亡・医療保障は手厚くしましょう。

**E**

● 医療保険

》》結婚する予定がなければ、自分が介護状態になった時に一時金などが受け取れる介護保険も検討しておくと安心です。

入園式
りくもついに入園か～
今日は撮るぞ～
この間まで小さな赤ちゃんだったのに…
大きくなって…
あー
うう…
きっと高校や大学もすぐなんだろうな…
…でも、いくらかかるんだろう
あわわ
その頃には家とか買ってる方がいいのかな…
?
ご…
またなんか悩んでるな…
そんな時はライフプランで〝見える化〟ニャ
ドキー!
!!?
にょろん
詳しくは後で話すニャ
桜がキレイだニャ～

いや〜いい式だったなぁ
突然現れてびっくりしたよ〜
も〜
神出鬼没ニャ
で、ライフプランって何？
子どもの進学やマイホーム購入親の介護など…
ライフプラン
年 20XX 20XX
年齢 夫 37 38
私 34 35
子 3 4
イベント 幼稚園入園 車購入 旅行
イベント費 10万円 200万円 20万円
これからの人生で起きるイベントを表にして、いつ頃にいくら必要かを計算するものニャ
年末に1年の支出予定を書いたけどそれの〝人生版〟ってこと？
ピンポーン
ながーい人生でいつ、いくら必要かわかれば、準備もしやすくなるニャ
よーし！すぐにやろう！
燃えてるな〜

※下記の金額は、出産育児一時金や年金などの公的な補助金は考慮していません。実際は公的な補助金なども活用しながら準備することになります。また下記は平均額のため、家族構成やライフスタイルなどで必要な金額は変わります。

人生のお金を一気に準備するのは大変だけど、早くから貯めれば月々の負担は減らせるニャ
目標 1000万円 貯金!!
毎月の貯金額
20年…約4万2000円
30年…約2万8000円
1万4000円の差!!
早く準備する方がいいんだな~
児童手当とかの補助金もあるし
貯金は未来の家族への仕送りニャ
仕送り?
例えば…家族にかなえたい夢が生まれた時
留学したい!
いってきまーす!
貯金
貯金があれば実現のために行動することができるニャ
目標が見えないと目先のことにお金を使っちゃうけど
それを貯金にまわせば色んな夢がかなえられるのね
毎月の貯金は未来の家族を幸せにするニャ
よーし 家族みんなで頑張ろー!!
おー

# 人生の設計図・ライフプランを立てよう

ぶれない力　せいとんする力　組み立てる力

## 時間を味方にして人生に必要なお金を貯める

子育てに３０００万円、住宅購入に４０００万円、老後資金に８０００万円が必要などと聞くと、「何千万円も貯めるなんて無理！」と焦ってしまいます。

しかし１０００万円という大金でも、30年で貯めようとすれば、月々の貯金額は約２万８０００円。一気に準備するのは大変な金額でも、早くから貯めれば月々の負担を抑えつつ準備できます。

また、「老後資金は８０００万円以上必要」などと言われますが、実際は年金などを活用しながら自分に必要な額を用意することになります。そして、老後と一口に言っても、どんな暮らしをしたいかで必要な金額は変わるもの。今の家計を把握していれば、自分たちの老後に必要なお金も想定できます。それをもとに将来設計をすれば、過不足のない貯め方ができるでしょう。

## 家族の未来を
## ライフプランで見える化する

ライフプランとは、自分や家族の人生設計をすること。子どもの教育、マイホーム、将来の夢などを書き込むことで「いつまでに」「いくら必要か」が見えてきます。将来に必要なお金がわかれば、普段のお金の使い方も変わり、貯めるモチベーションもアップ。家族で話し合い、充実したライフプランを立てましょう。

## ライフプランの上手な立て方

家族や周りの人たちの力を借り、「どんな暮らしを送りたいか」「何にお金をかけたいか」を明確にしていきましょう。

貯蓄に対する夫の意識もアップ!

### 夫と一緒につくって、意識を高める

「計算が苦手で…」などと言って、夫にライフプランづくりを手伝ってもらいましょう。将来いくら必要かが夫婦で共有でき、貯め力も上がります。

夫婦で今後の暮らしのビジョンや計画を共有すると、意識が高まります。お互いに協力し合うことで、貯金も挫折しにくくなります。

## 先輩ママの話を聞いてイメージをふくらませる

子育ての先輩ママに、学校選びや習い事、塾のことなどを聞くのもおすすめ。リアルな体験談から、貯金に役立つヒントがもらえます。

## FPなどの専門家にアドバイスをもらう

専門家と一緒にライフプランを立てるのも◎。各家庭に合った教育費や住居費などの貯め方について、アドバイスがもらえます。

ライフプランの設定に見落としがないか、貯蓄が不足する恐れが出てきた場合、どんな改善策を打てるかなどを相談でき、安心です。

# ライフプランの書き方のポイント

ぶれない力　せいとんする力　組み立てる力

## ライフプランに必要なもの

ライフプランを立てるのに必要なのは、次の3つです。

①年間の収入
②年間の支出
③ライフイベント

①年間の収入は、給料やボーナスの手取りの合計。②年間の支出は、生活費や特別支出などの合計です。③ライフイベントは、今後10〜30年の間に自分や家族に起こるイベントやかなえたい夢のこと。今わかっている範囲でいいので、家族全員の夢や目標を洗い出し、それぞれにかかる費用を書きましょう（費用が

わからなければ、１８６ページ～を参考に)。

## ライフイベントは思いつくものをどんどん書こう

はじめに子どもの進学など、必ず発生するイベントを書きます。次に住宅購入や車の購入、旅行などの目標や希望を書きましょう。あまり考え込まず、まずはざっくりと書くのがおすすめ。細かな調節や変更は、一通り書いてからすればＯＫです。

夢や希望は、時間とともに変化していくもの。ライフプランはあくまで計画なので、状況に合わせて柔軟に見直せばいいのです。現時点での希望を洗い出し、実現に向けての貯金計画を立てましょう。

# ライフプランの書き方

以下のステップを踏みながら考えるとスムーズです。P182～の記入例も参考にしつつ、P184～のシートに自分のプランを書いてみましょう。

**Step 1** 家族の名前と年齢を書く

- 子どもが生まれていない場合は、希望の年に「第1子誕生」などと記入し、子どもの年齢を書きます。

**Step 2** 今後のライフイベントや夢を書く

- 子どもの進学などのライフイベントや、住宅購入などの夢を全て書きます。未確定のことも、希望をもとにひとまず書き込みましょう。

## Step 3 年ごとの収入・支出予定を書く

- 支出の欄に、各イベントや夢の必要額も合わせて書きましょう。

## Step 4 必要に応じて、時期や金額を調整する

- ライフイベントの時期が重なると、貯金が大変になります。イベントを次の３つに分け、②や③を調整し、無理のないプランにしましょう。

❶ 時期や金額を動かせないもの
（子どもの進学など）

❷ 時期を動かせるもの

❸ 金額を変えられるもの

背伸びしすぎないプランを立てるのも大切。家計の実力を知り、できないことはあきらめるのも賢い選択です。「家族の幸せ」を基準に、無理のないプランを立てましょう。

## ライフプランシート記入例

| 20XX 年 | 20XX 年 | 20XX 年 | 20XX 年 | 20XX 年 | 20XX 年 |
|---|---|---|---|---|---|
| 40 歳 | 41 歳 | 42 歳 | 43 歳 | 44 歳 | 45 歳 |
| 37 歳 | 38 歳 | 39 歳 | 40 歳 | 41 歳 | 42 歳 |
| 6 歳 | 7 歳 | 8 歳 | 9 歳 | 10 歳 | 11 歳 |
| 歳 | 歳 | 歳 | 歳 | 歳 | 歳 |
| りく<br>小学校入学<br>（公立） | 旅行 | | 自動車<br>購入 | | 祐介昇進 |
| 460 | 460 | 460 | 460 | 460 | 510 |
| 84 | 84 | 84 | 84 | 84 | 84 |
| 12 | 12 | 12 | 12 | 12 | 12 |
| 556 | 556 | 556 | 556 | 556 | 606 |
| 187 | 187 | 187 | 187 | 187 | 202 |
| 137 | 137 | 137 | 137 | 137 | 137 |
| 36 | 24 | 28 | 30 | 33 | 42 |
| 17 | 17 | 17 | 17 | 17 | 17 |
| 50 | 50 | 50 | 50 | 50 | 50 |
| 入学準備 15 | 旅行 10 | | 自動車 230 | | |
| 442 | 425 | 419 | 651 | 424 | 448 |
| 114 | 131 | 137 | −95 | 132 | 158 |
| 504 | 635 | 772 | 677 | 809 | 967 |

（単位：万円）

かなこ一家のライフプランを参考に、次のページに自分のライフプランを書き込んでみましょう。

| 西暦 | | 20XX 年 | 20XX 年 | 20XX 年 | 20XX 年 |
|---|---|---|---|---|---|
| 家族・ライフイベント | 名前 祐介 | 36 歳 | 37 歳 | 38 歳 | 39 歳 |
| | 名前 かなこ | 33 歳 | 34 歳 | 35 歳 | 36 歳 |
| | 名前 りく | 2 歳 | 3 歳 | 4 歳 | 5 歳 |
| | 名前 | 歳 | 歳 | 歳 | 歳 |
| | イベント内容<br>（子どもの進学・自動車購入・住宅購入・旅行・夢など） | | りく<br>幼稚園入園<br>（公立） | | マイホーム<br>購入 |
| 収入 | 夫　手取り年収 | 410 | 410 | 410 | 410 |
| | 妻　手取り年収 | | 84（パート収入） | 84 | 84 |
| | 特別収入<br>（児童手当・退職金など） | 18 | 12 | 12 | 12 |
| | ❶収入合計 | 428 | 506 | 506 | 506 |
| 支出 | 生活費（食費・日用品費など） | 170 | 170 | 170 | 170 |
| | 住居費 | 96 | 96 | 96 | 137 |
| | 教育費 | | 18 | 20 | 25 |
| | 保険料 | 22 | 22 | 22 | 17<br>（保険見直し） |
| | 特別支出 | 30 | 30 | 30 | 50<br>（固定資産税増えた） |
| | 一時的な支出（特別支出以外） | | | | 頭金 150<br>引っ越し 15 |
| | ❷支出合計 | 318 | 336 | 338 | 564 |
| ❸年間収支（❶−❷） | | 110 | 170 | 168 | −58 |
| ❹貯蓄残高（前年❹＋今年❸） | | 110 | 280 | 448 | 390 |

# 我が家のライフプランシート

| 年 | 年 | 年 | 年 | 年 | 年 |
|---|---|---|---|---|---|
| 歳 | 歳 | 歳 | 歳 | 歳 | 歳 |
| 歳 | 歳 | 歳 | 歳 | 歳 | 歳 |
| 歳 | 歳 | 歳 | 歳 | 歳 | 歳 |
| 歳 | 歳 | 歳 | 歳 | 歳 | 歳 |
| | | | | | |
| | | | | | |
| | | | | | |
| | | | | | |
| | | | | | |
| | | | | | |
| | | | | | |
| | | | | | |
| | | | | | |
| | | | | | |
| | | | | | |
| | | | | | |
| | | | | | |
| | | | | | |

（単位：万円）

※書きやすいサイズに拡大コピーしてお使いください

| 西暦 | | 年 | 年 | 年 | 年 |
|---|---|---|---|---|---|
| 家族・ライフイベント | 名前 | 歳 | 歳 | 歳 | 歳 |
| | 名前 | 歳 | 歳 | 歳 | 歳 |
| | 名前 | 歳 | 歳 | 歳 | 歳 |
| | 名前 | 歳 | 歳 | 歳 | 歳 |
| | イベント内容<br>（子どもの進学・自動車購入・住宅購入・旅行・夢など） | | | | |
| 収入 | 夫 手取り年収 | | | | |
| | 妻 手取り年収 | | | | |
| | 特別収入<br>（児童手当・退職金など） | | | | |
| | ❶収入合計 | | | | |
| 支出 | 生活費（食費・日用品費など） | | | | |
| | 住居費 | | | | |
| | 教育費 | | | | |
| | 保険料 | | | | |
| | 特別支出 | | | | |
| | 一時的な支出（特別支出以外） | | | | |
| | ❷支出合計 | | | | |
| ❸年間収支（❶－❷） | | | | | |
| ❹貯蓄残高（前年❹＋今年❸） | | | | | |

# 人生に必要なお金 ①結婚・仕事など

ライフイベントごとの平均費用と、準備の仕方のポイントについて紹介。ライフプランシートに必要額を書く時の参考にしましょう。

## 結婚 354.9万円

挙式、披露宴・披露パーティーの合計。結婚式のスタイルは多様化しているので、予算を踏まえつつ自分たちらしい式を挙げましょう。

※「ゼクシィ 結婚トレンド調査2019」調べ

上記の金額に対し、ご祝儀（平均総額224.3万円）や親からの援助（平均額167.8万円）などをあてていくと、自己負担額の平均は149.5万円になります。

## 新生活の準備 72.3万円

新居の敷金や礼金、引っ越し代、家具や家電購入など、新生活は意外とお金がかかるもの。一気にそろえず、徐々に買い足すのも◎。

※リクルートブライダル総研「新生活準備調査2016」調べ

優先順位をつけ、必要なものからそろえましょう

親戚や友人からベビー用品を
譲ってもらうのも◎

## 出産 50.6万円
（子ども１人あたり）

妊婦健診費用助成制度や出産育児一時金（→ P194）を利用すれば、出産前後の自己負担額は、ベビー用品を含んで20万円程度。

※平成28年度（公社）国民健康保険中央会調べ

自己負担額の内訳は、マタニティーウェアや赤ちゃんの下着・おむつの購入費、産院までの通院にかかる交通費、お祝い返しなどです。

## 車の購入 232万円

車の購入には、車両価格以外に税金や保険などの費用がかかります。車両価格の２割程度が上乗せされると考えましょう。

※住宅金融支援機構「住宅取得に係る消費実態調査（2014年度）」より

購入後にかかる維持費（ガソリン代、駐車場代、車検代など）も考慮しましょう。

失業者は条件に応じて
給付金がもらえます

## 失業・転職 3ヵ月分の生活費

自己都合退職の場合、退職から３ヵ月間は無収入になるので、転職までの生活を支える資金を準備しておきましょう。

# 人生に必要なお金 ②子どもの教育

どんな進路に進むかで、費用が大きく変わります。貯金や学資保険（→ P165）、児童手当（→ P195）などを活用して準備しましょう。

| | | 公立 | 私立 |
|---|---|---|---|
| 幼稚園 | 3歳 | 約19万円 | 約55万円 |
| | 4歳 | 約22万円 | 約49万円 |
| | 5歳 | 約24万円 | 約54万円 |
| 小学校 | 1年生 | 約35万円 | 約189万円 |
| | 2年生 | 約26万円 | 約137万円 |
| | 3年生 | 約29万円 | 約142万円 |
| | 4年生 | 約31万円 | 約150万円 |
| | 5年生 | 約34万円 | 約163万円 |
| | 6年生 | 約37万円 | 約179万円 |
| 中学校 | 1年生 | 約46万円 | 約162万円 |
| | 2年生 | 約44万円 | 約123万円 |
| | 3年生 | 約57万円 | 約136万円 |
| 高等学校 | 1年生 | 約51万円 | 約116万円 |
| | 2年生 | 約46万円 | 約89万円 |
| | 3年生 | 約40万円 | 約85万円 |
| 合計 | | オール公立 約541万円 | オール私立 約1829万円 |

## 幼稚園～高校までの教育費用

公立か私立かで費用が異なります。入学時や受験時に費用が上がる傾向も。

※学校教育費、学校給食費、学校外活動費の合計額。文部科学省「平成30年度子供の学習費調査」を参考に作成
※2019年10月から幼児教育・保育の無償化が始まったため、条件により3～5歳の教育費は変わります

## 大学の教育費用

大学の場合は、国公立か私立かの違いに加え、文系か理系かでも大きく違います。子どもが下宿する場合は、その生活費も必要に。

| | | 初年度（入学料含む） | 2回生以降（施設設備費含む） | 合計 |
|---|---|---|---|---|
| 国立大 | | 約82万円 | 約54万円×3年 | 約244万円 |
| 公立大 | | 約93万円 | 約54万円×3年 | 約255万円 |
| 私立大 | 文系 | 約115万円 | 約92万円×3年 | 約391万円 |
| | 理系 | 約152万円 | 約126万円×3年 | 約530万円 |
| | 医歯系 | 約479万円 | 約378万円×5年 | 約2369万円 |

※国立大学費用は、文部科学省による標準額。公立大学費用は、文部科学省「平成29年度学生納付金調査」の公立大昼間部の平均額。私立大学費用は文部科学省「平成28年度私立大学入学者に係る初年度学生納付金平均額調査」の私立大昼間部の平均額

**大学留学** 200～440万円（1年間）

授業料、教材費、滞在費（食費・住居費など）の合計。国や都市、大学によって費用は異なります。

※ JASSO海外留学支援サイト「海外留学情報」、留学ジャーナルを参考に作成

志望校がハッキリしている場合は、直接その学校のホームページで学費などを確認しましょう。エージェントを通す場合は、サポート費用などが別途かかります。

# 人生に必要なお金 ③住宅購入

人生の中でも最大の買い物と言える住宅。ローンで購入する場合は、定年前に完済するプランを立てましょう。

月々のローンが
家計を圧迫しないように

**新築**

一戸建て　：**4113万円**

マンション：**4437万円**

土地付注文住宅と新築マンションの全国平均値。地域差が大きく、最高値の東京都は一戸建て5644万円、マンション5334万円。

住宅ローンを組むなら、物件価格の３割程度を準備しましょう。２割は頭金、１割は不動産取得税などの諸経費に使い、残りのお金をローンで毎月返済します。

**中古**　築19～22年の場合

一戸建て　：**2393万円**

マンション：**2845万円**

新築より安く購入できますが、クリーニング代や修繕費などが必要に。物件によっては、ローンの返済期間に制限がつく場合も。

設備や耐震性も
チェックして

古い物件でも条件によっては、売却や賃貸でお金に換わることがあります。自宅を担保に老後資金が借りられる「リバースモーゲージ」が利用できる可能性も。

※新築は「2018年度 フラット35利用者調査」、中古は「平成30年度 住宅経済関連データ」を参考に、1000円以下を四捨五入して作成

## 無理なく買える物件の目安は？

物件ありきでローンを組むのではなく、自分たちが準備できる金額をもとに物件を探すのが大切です。

### Step 1 用意できる頭金を計算する

いざという時のお金や教育費などを確保した上で、頭金を用意しましょう。

［現在の貯蓄　円］－［6ヵ月分の手取り　円］－［将来の貯蓄　円］

※いざという時の資金　※教育費や自動車購入費など

＋［毎月の積立　円］×12ヵ月×［積立期間　年］＝［頭金　円］

### Step 2 無理のない借入額を計算する

月々の返済額の目安は、月収の25%程度。返済期間や金利も踏まえ、いくらまでなら借りられそうかを考えてみましょう。

| 月の返済額 | | 6万円 | | 8万円 | | 10万円 | | 12万円 | |
|---|---|---|---|---|---|---|---|---|---|
| 返済期間 | | 25年 | 35年 | 25年 | 35年 | 25年 | 35年 | 25年 | 35年 |
| 金利 | 1.0% | 1592 | 2125 | 2122 | 2834 | 2653 | 3542 | 3184 | 4251 |
| | 1.5% | 1500 | 1959 | 2000 | 2612 | 2500 | 3266 | 3000 | 3919 |

※借入額は概算（単位:万円）

### Step 3 買える物件の目安を計算する

諸費用の1割を除く

（［頭金　円］＋［借入額　円］）÷1.1＝［物件価格　円］

※借入額は住宅保証機構株式会社「住宅ローンシミュレーション」を利用し、「元利均等返済で、年収を月収の15倍、ボーナス返済額を0円」として試算した

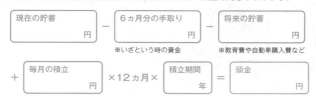

# 人生に必要なお金 ④入院・老後など

病気や親の介護、老後などにかかる費用も準備しておきましょう。

**入院** 20.8万円

治療内容によって変わりますが、ケガや病気で入院した際の自己負担額の平均は 20.8 万円、1 日あたりの平均は 2.3 万円です。

※生命保険文化センター「令和元年度 生活保障に関する調査」より

**健康保険が使える（3 割負担）**

- 通常の治療代（診察・検査・手術など）
- 入院の部屋代　など

※ 1ヵ月の医療費が高額になった場合、高額療養費制度が使えます

**健康保険が使えない（全額負担）**

- 通院の交通費
- 差額ベッド代
- 入院中の食事代（1 食 260 円程度）
- 入院中の雑費
- 先進医療の技術料
- 美容整形などの自由診療　など

## Point! 高額療養費制度

同一月（1 日から月末まで）にかかった医療費が高額になった場合、自己負担限度額を超えた分が払い戻されます。※自己負担限度額は年齢と収入によって異なります。

70 歳未満、標準報酬月額 28 ～ 50 万円の人の自己負担限度額は

8 万 100 円＋（総医療費－ 26 万 7000 円）× 1 ％

例 総医療費が 23 万円の場合、自己負担限度額は

8 万 100 円＋（23 万円－ 26 万 7000 円）× 1 ％＝ 7 万 9730 円

介護期間の平均は4年6ヵ月

**親の介護** 毎月 7.8 万円

月々の費用とは別に、住宅改修や介護ベッドのリース料などが必要になることも。それらの費用の合計は平均 69.2 万円です。

※生命保険文化センター「平成 30 年度 生命保険に関する全国実態調査」より

親の介護費用は大きな出費になる可能性が高く、自分たちの老後資金に影響することも。親の介護費用は親自身の年金や貯蓄から出せるよう、事前に話し合いを。

**老後の生活**

毎月 22 ～ 36 万円
（夫婦２人暮らしの場合）

最低限必要な金額が 22 万円、ゆとりある老後なら 36 万円が必要に。年金で不足しそうな金額を計算し、貯金しましょう。

※生命保険文化センター「令和元年度 生活保障に関する調査」より

旅行などを楽しみたいなら、
資金は多めに準備しましょう

将来、自分が受け取れる年金額は、毎年誕生月に日本年金機構から送られてくる「ねんきん定期便」で確認できます。ネットから電子版のダウンロードもできます。

# 助けてくれるお金

出産や子育て、病気など、様々なシーンで公的保障が受けられます。
申請期間が決まっているものもあるので、手続きを忘れずに。

助成金については
住んでいる地域の自治体に
問い合わせを

## 妊娠・出産でもらえるお金

出産費用は、国や自治体からの助成金でほぼまかなえます。自治体によっては「出産お祝い金」などが出るところも。

### 妊娠中にもらえるお金

**●妊婦健診費用助成制度**

出産まで平均15回ほど受ける妊婦健診で、住んでいる自治体からの助成を受けられます（自治体によって補助内容は異なります）。母子手帳と一緒に無料受診票を受け取ることが多いです。

### 出産時にもらえるお金

**●出産育児一時金**

分娩・入院費として、子ども１人につき42万円（多胎の場合は人数分）が健康保険から支給されます。手続きは加入先の健康保険や自治体へ。

**●出産手当金**（働く女性が対象）

出産で会社を休んだために給料が支払われない場合、健康保険から支給されます。手続きは勤務先へ（国民健康保険の人は対象外）。

[支給額]

標準報酬日額×2/3×産休日数

[対象期間]

出産予定日までの６週間＋出産後の８週間までの間に取った産休

## 子育て中にもらえるお金

育児休業は、勤続年数が１年以上であれば男女ともに取得できます。

### ●育児休業給付金（働く人が対象）

育児休業を取る場合、雇用保険から支給されます。手続きは勤務先へ。

［支給額］

休業開始時賃金日額×支給日数×67%
（育休開始日から181日目以降は50%）

産休・育休中（子どもが３歳になるまで）は、健康保険・厚生年金の保険料が免除されます

### ●児童手当

中学生までの子どもを養育している人に支給されます（所得制限あり）。子どもの誕生から15日以内に、市区町村役場で申請を。

［支給額（月額）］

- 0～3歳未満：一律１万5000円
- ３歳～小学生
  第１子、第２子：１万円
  第３子以降：１万5000円
- 中学生：一律１万円
- 所得制限以上：一律5000円

## 病気やケガでもらえるお金

会社員が病気やケガで仕事ができない場合、健康保険から手当金が受け取れます。

### ●傷病手当金

病気やケガで連続して３日以上仕事を休んだ場合、４日目以降から手当金が出ます。

［支給額（日額）］標準報酬日額×2/3
［支給期間］最長１年６ヵ月

# 人生の貯めどきを活用する

せいとんする力　工夫する力　つづける力

## 人生の貯めどきを活用して賢く貯金しよう！

人生には3回の貯めどきがあります。

①独身〜夫婦のみの生活
②子どもの幼少期
③子どもの独立後〜定年まで

①の時期は子どもの養育費などがかからず、夫婦がフルタイムで働ける、人生最大の貯めどきです。共働きなら、夫の収入だけで生活費をやりくりし、妻の収入は全て貯金にまわすのもいいでしょう。

②は子どもが幼稚園や保育園に上がる前や、小学校低学年の時期。授業料や習い事などで出費が増える前に、将来の教育資金を準備しましょう。中学・高校・大学と、必要になる教育費は徐々に増えていくので、貯めどきを逃さず、コツコツ貯めるのが大事です。また、子どもは成長とともに、食費や被服費なども大人並みになっていくので、幼少期の服はお下がりやリサイクルなどで節約すると◎。

③の時期になると教育費がなくなるので、老後資金を貯めるラストスパートになります。住居を夫婦2人暮らしサイズの部屋に引っ越すなど、生活をスリム化して、支出を抑えるのも効果的です。定年時の貯蓄残高予定を早めに確認し、老後資金が不足しそうなら貯蓄プランを見直しましょう。

## 貯蓄プランの立て方

自分たちが立てたライフプランシートを見ながら、一時的な支出（イベント費）を書き出し、貯蓄プランを立てましょう。

| イベント | ❶<br>必要額 | ❷<br>準備期間<br>(あと〜年) | ❸<br>準備できている金額 | ❹<br>必要貯蓄額<br>(❶ー❸) | ❺<br>年間貯蓄額<br>(❹÷❷) |
|---|---|---|---|---|---|
| 出産 | 20万 | 2年 | 0 | 20万 | 10万 |
| 住宅頭金 | 337万 | 3年 | 100万 | 237万 | 79万 |
| 車購入 | 230万 | 7年 | 0 | 230万 | 33万 |
| | | | | | |
| | | | | | |
| | | | | | |
| | | | | ❻年間貯蓄額の合計 | |

（ ❻年間貯蓄額の合計　　円 ー ボーナスから　　円 ）÷12ヵ月＝ 毎月の貯蓄額　　円

※あてられる額があれば記入

30代以降の人は定年までのイベントを全て書き出し、必要額を計算しておくと、適切な貯蓄プランが立てられます。

## 貯蓄プランの見直しポイント

毎月の貯蓄額がわかったら、ライフプランシートを見ながら無理なく貯められるかを確認します。難しい時期の分は、貯めどきに上乗せするなど工夫を。

**check ❶**

### マイナス収支が続いていないか？

マイナス収支が数年続くのはNG。イベント費を見直したり、収入が上がる工夫をするなど、対応策を考えて。

**check ❷**

### 定年時の貯蓄残高が十分にあるか？

定年時の貯蓄残高が、老後に必要な分だけあるかを確認。足りない場合は、プランの見直しが必要です。

## 収入アップの方法として復職を検討してみる

出産を機に退職した場合、子育てにめどがついたらできるだけ早く復職するのがおすすめ。子育て中に資格取得の勉強をするのも◎。

パート・アルバイトから店長や正社員になるケースも。今後の収入やキャリアアップが見込めるかも含めて、仕事探しをしましょう。

# 目的別・賢い貯め方

住宅資金や教育資金、老後資金はどれも1000万円クラスの貯金を目指すもの。貯め方を工夫し、しっかり準備しましょう。

## 住宅資金

### メリットたっぷりの財形住宅貯蓄で貯める

財形住宅貯蓄（→ P125）を利用すれば節税に。残高の10倍（最高4000万円）までの融資も受けられます。

メリット1　財形住宅貯蓄と財形年金貯蓄の元利合計550万円まで、利子などが非課税になる

メリット2　財形貯蓄を1年以上していて、残高が50万円以上あれば、財形住宅融資を利用できる

## 教育資金

コツコツ貯めれば
大きな資金に！
貯めよう♪
児童手当

### 児童手当を貯金して中学卒業までに200万円

児童手当を使わず、子どもが15歳になるまで貯めれば約200万円に！ うっかり使ってしまわないよう、専用口座をつくると◎。

インフレに弱い保険で貯めることはあまりおすすめではありませんが、先取りのシステムとして学資保険（→ P165）を活用するのも一つの方法です。

老後資金

### 10％増し貯金をスタート

住宅ローンや教育費より貯蓄期間が長い老後資金は、少額でもコツコツ貯めていくことが大切。現在の貯金の10％増し貯金で準備を。

月3000円でも
10年貯めれば
36万円に！

月に3万円貯めているなら、10％にあたる3000円を老後用に貯金しましょう。

## Point! やってはいけない貯めNG

経済の変化とともに賢い貯め方も変わります。損しないよう、以下のような貯め方をしていたら改めましょう。

### ✖ 定期預金より貯蓄型の保険で貯める

貯蓄型の保険には、インフレなどの影響でお金の価値が下がるリスクがあります。定期預金は金利の見直しがあるので、貯蓄には有利。

繰り上げ

ネットだと繰り上げ手数料が無料に！

### ✖ 頭金が物件の3割以上貯まってから家を買う

ローン開始が遅いと、定年以降もローンが残ることになりかねません。コンスタントに返済する力があるなら、早めに買う方がおすすめ。

### ✖ ローンの繰り上げ返済は100万円貯まってから

金融期間にもよりますが、今は少額から繰り上げ返済ができるところもあります。数万円でも早めに返済した方がオトク。

# 家族で楽しくやりくり

お金の情報をオープンにすると、家族でやりくりする力がつきます。お金や夢について話す機会をつくりましょう。

ゲーム感覚ですれば、子どもも自然にお金に興味を持ちます

どっちが安い？
こっちー！
グミ

## 普段からお金の話をする

夫婦でやりくりや貯金について相談したり、子どもとスーパーで予算内で買い物をするなどして、お金への関心を高めましょう。

ホーム ベーカリーを買う？？
う〜ん

## マネー会議を開いてお金感覚を磨く

月に一度、家族でお金の使い方について話し合うと、やりくりへの一体感がアップ。子どもへのお金教育にもなります。

1ヵ月の支出を見て「これはいい買い物をした」「これは浪費だったね」と振り返ったり、大きな家電や家具などを購入する前に「本当に必要か」「どんなものがいいか」を話し合ったりしましょう。

オシャレなカフェで話し合うと会話も弾みます

## 家族で目標や夢を話してやる気アップ！

ライフプランを立てた後も、将来について定期的に家族で話しましょう。貯金へのモチベーションをキープできます。

## 夢や生き方が明確だと情報が集まりやすい

「家は、今住んでいる場所で探す」「いずれは故郷に帰る」など、自分たちの望む人生が決まると、必要な情報も集めやすくなります。

目標があると貯蓄の方法もハッキリし、やりくりがラクに

使うことと貯めることのバランスを大切に

## 家族のしたいことを大事にする

日常生活のちょっとした贅沢や、年に数回の旅行など、家族で楽しむことにお金を使うと、貯金へのやる気もアップ！

桜、キレイだね～
そうね
ちょっと遊んでくる～
ころばないでよ――
りくももう小学生か～
ついこの間幼稚園だったのに…
早いわね
わー
きゃー
そうそう、美幸の結婚式今年こそやるって
おぉ、ついに
あの子…保険のこと調べ始めたらのめりこんじゃって
仕事に専念したいから式は今度ね
はーい
ついには保険アドバイザーに転職までしちゃって…
それで式も延び延びに…

今じゃうちの専属アドバイザーだもんな
う、うん
お姉ちゃん!こんな保険もあるわよ!!
お義兄さんの保険は〜
定期的に見直してくれるのはありがたいけどね
ははは
最近は私のママ友の相談にものってるみたい
オススメ♡
あと、みんなもゆる貯め家計やってみるってはりきってたよ
かなこよりしっかり貯めそうだな
クク
うるさいっ
キャッ
キャッ
…福にゃんはどこに行っちゃったのかな

ライフプラン立てて貯金を始めて…
そうしたらいつの間にか姿を見せなくなっちゃった
いないね〜
ふくにゃ〜ん
きっと、かなこが貯められるようになったから、安心して他の家に行ったんだよ
今頃どこかでお金のこと教えてるよ
はい
あの頃の私、ほんとにお金のことわかってなかった
なんでないのー!?
お金は色々なことに必要ででもいつの間にかなくなっちゃって…
貯めなきゃ!!
頑張って貯めなきゃ!って焦ってた
鬼のような顔で家計簿とにらめっこしてたな
節約命!!
ごはん少ない…
おやつ…
なつかしーな〜
お恥ずかしい…
でも、福にゃんのおかげで変わったよ

お金は無理して貯めるもの
じゃなく、私や家族を
幸せにしてくれるもの
自分にとって満足いくものに
お金を使うと、幸せが倍になって
返ってくるってわかったの
だから最近は
お金を使うのも貯めるのも
楽しみなんだ
これからもゆる貯め家計
していこうな！
うん!!
ママ〜
おなか
すいた〜
はーい
タタタタッ
今日は
ごちそうよー
やったー
んふ
がんばるのニャ〜

**［監修］横山光昭**（よこやま みつあき）

家計再生コンサルタント、株式会社マイエフピー代表。お金の使い方そのものを改善する独自の家計再生プログラムで、家計の問題の抜本的解決、確実な再生をめざし、個別の相談・指導に高い評価を受けている。これまでの相談件数は23,000件を突破。各種メディアへの執筆・講演も多数。『はじめての人のための3000円投資生活』（アスコム）や『年収200万円からの貯金生活宣言』（ディスカヴァー・トゥエンティワン）など、著作は123冊、累計330万部となる。個人のお金の悩みを解決したいと奔走するファイナンシャルプランナー。

イラスト　ねこまき（にゃんとまた旅）
装丁デザイン　宮下ヨシヲ（サイフォン グラフィカ）
本文デザイン　渡辺靖子（リベラル社）
編集　鈴木ひろみ・渡辺靖子（リベラル社）
編集人　伊藤光恵（リベラル社）
営業　澤順二（リベラル社）
制作・営業コーディネーター　仲野進（リベラル社）

編集部　堀友香・山田吉之・須田菜乃
営業部　津村卓・津田滋春・廣田修・青木ちはる・大野勝司・竹本健志

※本書は2016年に小社より発刊した『1年で100万円貯められる ゆる貯め家計』を文庫化したものです
※本書の内容は、2020年2月現在のものです。変更の可能性がありますので、最新情報については関連機関で確認してください

## 1年で100万円貯められる ゆる貯め家計

2020年3月26日　初版
2022年4月 9 日　再版

編　集　リベラル社
発行者　隅田 直樹
発行所　株式会社 リベラル社
〒460-0008　名古屋市中区栄3-7-9　新鏡栄ビル8F
TEL 052-261-9101　FAX 052-261-9134　http://liberalsya.com
発　売　株式会社 星雲社（共同出版社・流通責任出版社）
〒112-0005　東京都文京区水道1-3-30
TEL 03-3868-3275


ISBN978-4-434-27257-8　C0177
落丁・乱丁本は送料弊社負担にてお取り替え致します。　108001